高等院校**经济管理类**
新形态系列教材

U0734303

网店
运营与管理

视频指导版 第3版

白东蕊 张鹏 / 主编

成保梅 郭燕萍 / 副主编

Online Stores' Operation and Management

人民邮电出版社

北 京

图书在版编目（CIP）数据

网店运营与管理：视频指导版 / 白东蕊，张鹏主编.
3 版. -- 北京：人民邮电出版社，2024. --（高等院
校经济管理类新形态系列教材）. -- ISBN 978-7-115
-65007-8

Ⅰ. F713.365.2

中国国家版本馆 CIP 数据核字第 2024DB6537 号

内 容 提 要

本书以淘宝平台为主要依托，以网店运营与管理为核心，系统、全面地介绍了开店、装修、推广等的基本方法和技巧，沿着"网上开店概述→商品发布与管理→网店管理→网店图片的拍摄与处理→网店装修→网店搜索引擎优化→网店营销和推广→网店内容运营→网店客服与客户运营→网店运营数据分析→移动网店运营"这一线索展开分析与实践。

扫描书内的二维码可查看微课视频、操作视频、素材原图和其他拓展性学习资料，网课网址、例题素材等学习参考资料见人邮教育社区本书页面。

本书配有教学大纲、电子教案、电子课件、习题参考答案、实训资料及实训指导、模拟试卷及答案等教学资料（索取方式见"更新勘误表和配套资料索取示意图"，部分资料仅供学生订购本书的老师下载，咨询 QQ：602983359）。

本书可作为高等院校电子商务专业和其他经济管理类专业网店运营课程的教材，也可作为电商培训班的教学用书以及网店创业人员和电商企业基层人员的自学参考书。

◆ 主　　编　白东蕊　张　鹏
　　副 主 编　成保梅　郭燕萍
　　责任编辑　万国清
　　责任印制　胡　南

◆ 人民邮电出版社出版发行　　北京市丰台区成寿寺路 11 号
　　邮编 100164　　电子邮件 315@ptpress.com.cn
　　网址 https://www.ptpress.com.cn
　　三河市兴达印务有限公司印刷

◆ 开本：787×1092　1/16
　　印张：15　　　　　　　　　　2024 年 8 月第 3 版
　　字数：364 千字　　　　　　　2025 年 6 月河北第 3 次印刷

定价：58.00 元

读者服务热线：(010)81055256　印装质量热线：(010)81055316
反盗版热线：(010)81055315

前　言

　　本书第 1 版于 2019 年 5 月出版，第 2 版于 2021 年 8 月出版。本书自出版以来，得到了国内诸多院校和社会各界读者的认可。其强化操作、突出实用的特点，受到很多教师和学生的欢迎。本书主要以淘宝平台为依托，以网店运营与管理为核心，按"网上开店概述→商品发布与管理→网店管理→网店图片的拍摄与处理→网店装修→网店搜索引擎优化→网店营销和推广→网店内容运营→网店客服与客户运营→网店运营数据分析→移动网店运营"的线索展开分析与实践。

　　三年来，网店运营的理论和实践又有了突飞猛进的发展，特别是淘宝平台的实践应用有了很大的变化，为全面贯彻党的教育方针，落实立德树人这一根本任务，紧跟学科发展，适应行业发展与教学的需要，编者团队在深入学习党的二十大报告的基础上，在广泛收集用书老师的意见、建议的基础上，对本书进行了全面、细致的修订。

　　本版保持了前两版的优点，保留了原有的知识体系，内容涉及淘宝网店的新知识，微调了部分章节的内容，主要涉及以下几方面。

　　（1）将第 2 版"第 2 章　商品发布"的"2.2 运费模板与运单模板的设置"改为"2.2 运费模板设置与打单工具的使用"；删除"2.3 淘宝助理的使用"，增加"2.3 商品管理"。

　　（2）增加了"第 8 章　网店内容运营"，主要针对手机淘宝的关注、直播、网店视频做了基本介绍。

　　（3）将第 2 版"第 8 章　网店客服与客户关系管理"改为"第 9 章　网店客服与客户运营"，分成三节讲述，即网店客服、客户接待、客户运营。

　　（4）将第 2 版"第 10 章　移动网店运营"的"10.2 移动网店运营与管理"拆分成两节，即"11.2 拼多多网店运营"与"11.3 抖音小店运营"。

　　与本书配套的教学大纲、电子教案、电子课件、习题参考答案、实训资料及实训指导、模拟试卷及答案等教学资料可在人邮教育社区（www.ryjiaoyu.com）下载（部分资料仅供学生订购本书的老师下载），索取方式见"更新勘误表和配套资料索取示意图"（咨询 QQ：602983359）。

　　本书由白东蕊、张鹏担任主编，由成保梅、郭燕萍担任副主编，参与编写人员及分工如下：王永芳编写第 1 章，韩景灵编写第 2 章，白东蕊编写第 3 章、第 6 章，成保梅编写第 4章、第 5 章，张鹏编写第 7 章、第 8 章，李艳编写第 9 章，郭燕萍编写第 10 章、第 11 章。张鹏为西安外事学院教师，其他编写人员均为山西工程科技职业大学教师。

　　本次修订参考了众多专家及百余位授课教师的意见和建议，编者在此向这些专家和授课教师表示诚挚的谢意！衷心希望各位专家、教师和同学继续批评指正，我们将利用重印或再版的机会不断对本书进行更新和完善（扫描"更新勘误表和配套资料索取示意图"中的二维码，可查阅本书的更新勘误记录表和意见建议记录表）。

编　者

目　　录

第1章　网上开店概述

【知识框架】

【学习目标】

1．了解常见的网店平台及网店运营涉及的法律问题。

2．掌握开通淘宝网店的流程。

3．掌握千牛卖家中心的操作。

4．了解商品的选择及常见的货源的特点。

小贴士

对学习网店运营课程的意见建议

简单来说，网上开店就是卖家自己搭建或在相关网店平台（如淘宝网）上注册一个虚拟的网上商店（简称"网店"），然后将待售商品的信息发布到网络上。对其商品感兴趣的浏览者（潜在买家）通过浏览这些商品信息及买家评论信息等进行选择，然后通过线上支付方式向卖家付款，卖家通过物流将商品发送至买家，从而完成整个交易过程。

本章主要介绍网店基础知识、开通淘宝网店的流程、千牛卖家中心的操作及商品与货源的选择等。

1.1 网店基础知识

网店是在互联网时代背景下诞生的新的销售方式，与传统实体店相比有很大的优势。对中小卖家来说，选择适合自己的网店平台对后期的推广和销售至关重要，这就需要了解常见网店平台的类型和特点。

1.1.1 常见的网店平台

目前，网店平台有很多，根据其经营性质的不同可以划分为不同类型，如 B2B、B2C 和 C2C 等。国内主流的网店平台包括淘宝网、天猫、京东和拼多多等，其中淘宝网和天猫都属于阿里巴巴集团创办的网店平台。个人用户适合在淘宝网、拼多多、抖音小店等支持 C2C 的平台开设网店，企业用户可以选择在天猫、京东等 B2C 平台开设网店。

网店平台上的店铺类型大体可分为个人店铺和企业店铺两种。个人店铺一般有个人店和个体工商户等两种类型，申请开设个人店一般通过实名认证即可，申请开设个体工商户还需要提交营业执照。企业店铺一般有旗舰店、专卖店、专营店和普通企业店等类型，申请开设普通企业店需要提交主体资质，申请开设其他三种店铺一般需要提交主体资质和品牌资质。

在网店平台上开店，一般都需要交纳一定的保证金，其他的费用还可能有技术服务费、交易服务费等。

1. 淘宝网

淘宝网成立于 2003 年 5 月，由阿里巴巴集团投资创办。随着规模的扩大和用户数量的增加，淘宝网从单一的 C2C 网络集市变成了包括 C2C、团购、分销、拍卖、直播等多种电子商务模式在内的综合性零售商圈。

由于淘宝网开店具有门槛低、资金投入少的特点，很多个人创业者选择在该平台开店。为了使广大读者能够实践操作，本书主要以淘宝网为例来介绍网店运营。

2. 天猫

天猫商城（简称"天猫"）原名淘宝商城，是中国最大的 B2C 购物网站。天猫在 2012 年 1 月与淘宝网分离，属于开放性的平台，主要由第三方商家入驻。天猫店铺主要有旗舰店、专卖店和专营店等三种类型。

（1）旗舰店：商家以自有品牌（商标为 R 或 TM 状态），或获得权利人的授权，入驻天猫开设的店铺。旗舰店只能经营一个品牌（多品牌为邀约入驻），需要提供品牌商直接出具的独占授权书。

> **小贴士**
>
> **R 商标和 TM 商标**
>
> R（register）表示商标已经注册。TM（trademark）表示网店已经拿到了国家知识产权局商标局下发的商标注册申请受理通知书，但商标还未成为注册商标。

（2）专卖店：商家持他人品牌（商标为 R 或 TM 状态）授权文件在天猫开设的店铺。专卖店只能经营一个品牌（多品牌为邀约入驻），需要品牌商直接授权。

（3）专营店：经营天猫同一经营大类下两个及以上他人授权或自有品牌（商标为 R 或 TM 状态）商品的店铺。专营店需要经营至少两个品牌，需要获得品牌商的授权。

天猫的入驻门槛较高，除了要求商家具备相关资质外，天猫还会对商家的运营能力进行考核，评估商家和品牌的实力是否能够开店，并且要求商家交纳店铺保证金、软件服务费等费用。

3. 京东

京东于 2004 年 1 月正式涉足电商领域，是 B2C 电子商务平台、自营式电子商务企业。2010 年 12 月，京东开放平台正式运营，开始接受第三方商家入驻，京东企业店也包括旗舰店、专卖店和专营店等三种类型，与天猫大体相同。2023 年 1 月 1 日起，京东开始接受个人和新注册的个体工商户入驻开店。京东的业务涉及零售、科技、物流、健康、保险、产业发展等领域。

4. 拼多多

拼多多成立于 2015 年 4 月，是专注于 C2B 拼团的第三方社交电商平台。用户通过发起和朋友、家人、邻居等的拼团，可以以低廉的价格购买商品。货源充足、希望通过让利实现多销的卖家可考虑在拼多多上开店。

5. 抖音小店

抖音是短视频社区平台，于 2016 年 9 月上线。抖音小店（简称"抖店"）是抖音为电商卖家提供的"一站式"经营平台。卖家抖音账号与抖音小店能进行一对一的绑定，方便运营管理。抖音小店开设门槛较低，自 2023 年 3 月 1 日起，个人提供符合要求的身份证明并通过实名认证即可注册成为抖音小店商家。

1.1.2　网店运营涉及的法律问题

电子商务相关法律法规能够为电子商务运营活动提供稳定的环境，保证交易活动的顺利进行，保障网店平台、商家与消费者的合法权益。网店运营涉及的法律问题主要有税收问题、消费者权益保障问题、知识产权问题、个人隐私问题等。

《中华人民共和国电子商务法》（以下简称《电子商务法》）自 2019 年 1 月 1 日起施行，是我国第一部电子商务领域的综合性法律。《电子商务法》是一部调整消费者、平台、入驻经营者利益法律关系的民事法律。

《电子商务法》规定，电子商务经营者应当依法办理市场主体登记，应当依法履行纳税义务，并依法享受税收优惠。依照规定不需要办理市场主体登记的电子商务经营者在首次纳税义务发生后，应当依照税收征收管理法律、行政法规的规定申请办理税务登记，并如实申报纳税。个人卖家属于电子商务经营者，从 2019 年 1 月 1 日起立当依法办理市场主体登记，也应当依法履行纳税义务。但是，个人销售自产农副产品、家庭手工业产品，个人利用自己的技能从事依法无须取得许可的便民劳务活动和零星小额交易活动的无须进行登记。例如，个人在微信朋友圈内销售农家自产土鸡蛋、自制手工艺品就无须进行登记。

📖 **小贴士**

电子商务经营者

《电子商务法》所称电子商务经营者，是指通过互联网等信息网络从事销售商品或者提供服务的经营活动的自然人、法人和非法人组织，包括电子商务平台经营者、平台内经营者以及通过自建网站、其他网络服务销售商品或者提供服务的电子商务经营者。淘宝网、京东、拼多多等属于电子商务平台经营者，个人网店经营者属于平台内经营者，微商、直播销售者等属于其他电子商务经营者。

1.1.3　淘宝平台的规则

电子商务平台是电子商务活动的组织者、引导者，不仅要为他人搭建一个用于独立进行交易活动的网络交易空间，还要制定交易规则，对平台内经营者进行信用评价，解决平台内因交易而发生的纠纷，对平台内交易资源通过竞价排名、定向推送等方式进行分配。

淘宝平台制定了一系列规则和规范来约束和规范商家在平台上的行为，如《淘宝平台规则总则》《淘宝平台违禁信息管理规则》《淘宝平台争议处理规则》《淘宝网评价规范》《淘宝网开店规范》《淘宝网店铺命名及信息规范》《淘宝网店铺经营主体变更规范》《淘宝网退店规范》《淘宝网保证金管理规范》《淘宝网商品发布规范》《淘宝网材质标准定义表》《淘宝网商品品质抽检规范》《淘宝网发货管理规范》《淘宝网七天无理由退货规范》《淘宝网营销活动规范》《淘宝网行业管理规范》《淘宝网特色市场管理规范》《供销平台管理规范》《服务市场管理规范》《阿里拍卖平台管理规范》《内容创作者管理规则》《淘宝直播管理规则》《淘宝直播机构管理规范》《热浪引擎平台管理规则》《热浪引擎平台争议处理规则》《淘宝网市场管理与违规处理规范》等。以上规则或规范在"淘宝规则"中都有详细说明。更多的规则需要商家在操作中不断地学习和积累，这样才能保证自己网店的运营合乎规则，免受处罚。

> 📖 **小贴士**
> 淘宝平台规则总则

1.2　开通淘宝网店

个人开通淘宝网店的流程如下：①选择开店身份；②选择网店主体类型；③完成相关认证和登记主体信息。

1.2.1　淘宝网开店入口和选择开店身份

1.　淘宝网开店入口

如果是淘宝网的新用户，首先要进行会员注册，在淘宝网首页点击"免费注册"（见图 1.1）。如果作为买家已注册了会员，卖家可以用同一个会员账户。

（1）电脑端淘宝网开店入口。直接点击淘宝网首页的"免费开店"或"千牛卖家中心"→"开店入驻"（见图 1.1），进入"0 元开店"页面，取好店铺名称。

图 1.1　电脑端淘宝网开店入口①

---

① 本书插图多来自软件或网页操作页面截图，在文字或表述方面存在不少欠规范之处，除严重错误外，本书不再对此类问题一一纠正。

（2）手机端淘宝网开店入口。登录手机端淘宝 App，依次点击"我的淘宝"→"设置"→"商家入驻"→"淘宝开店"，或者搜索"开店"找到"淘宝开店"入口。

2. 选择开店身份

淘宝网开店身份主要有普通商家、达人商家、品牌商家等。

（1）普通商家：适用于想创业、发展副业的企业或个人。

（2）达人商家：一般是抖音、快手、B 站、微博等平台的主播、达人、UP 主（uploader，上传者），其有一定的粉丝基础，通过短视频、直播等内容带货。

（3）品牌商家：适用于自有或独有品牌，有商标注册证；知名品牌推荐开天猫店，新创品牌推荐开淘宝店并进行品牌认证。

1.2.2 选择网店主体类型

淘宝普通商家的网店主体类型有个人商家、个体工商户商家、企业商家（见图1.2）。

图 1.2 淘宝普通商家的网店主体类型

（1）个人商家：适用于个人，需提供个人身份证正/反面照片、已实名认证的个人支付宝账户。

（2）个体工商户商家：营业执照类型为"个体工商户"，需提供营业执照照片、法人身份证正/反面照片、已实名认证的个人支付宝或企业支付宝账户等材料。

（3）企业商家：营业执照类型为"公司/企业/农民专业合作社"等，需提供营业执照照片、法人身份证正/反面照片、已实名认证的企业支付宝账户等材料。

下面选择普通商家开店身份、个人商家网店主体类型来介绍如何开通淘宝网店。

1.2.3 完成相关认证和登记主体信息

（1）支付宝实名认证。①在电脑端登录"千牛卖家中心"，点击"支付宝认证"或"去绑定"，按照提示完成支付宝认证。②在手机端支付宝 App 中依次点击"我的"→右上角的"设置"图标→"账号与安全"→"身份信息"→"实名认证"，然后完善信息，信息完善后会提示"通过支付宝实名认证"。

（2）登记主体信息。需上传个人证件照片，登记经营地址、姓名、个人证件号等信息。

（3）实人认证。使用手机端淘宝 App 或千牛 App 扫描实人认证页面出现的二维码进入人脸识别系统，由进行信息登记的证件持有人本人刷脸认证。登录的淘宝账号需要与申请开通网店的淘宝账号保持一致。

完成以上步骤，商家即可开通淘宝网店，并发布商品。开店成功后五周内没有发布商品的网店将被自动释放。

📖 **小贴士**

淘宝网退店类型

退店是指卖家退出淘宝网店经营，具体包括卖家主动注销网店或淘宝网按照相关规则自动释放网店、关闭网店及查封账户等情形。退店后，网店对应的店铺名及域名可供其他卖家申请使用。

（1）注销网店：卖家可主动申请注销网店，网店被注销后，该账户无法重新开店。

（2）自动释放网店：淘宝网店连续五周无出售中的商品，将被自动释放。符合《淘宝网开店规范》网店入驻要求的卖家可重新激活网店。

（3）关闭网店：卖家违反《淘宝网市场管理与违规处理规范》被关闭网店的，将被删除网店、下架店铺内所有出售中的商品、禁止发布商品并禁止创建网店。限制期满后，符合《淘宝网开店规范》网店入驻要求的卖家可重新激活网店。

（4）查封账户：卖家违反《淘宝网市场管理与违规处理规范》被查封账户的，将被永久禁止使用违规账户，该账户无法重新开店。

1.3　千牛卖家中心简介

千牛卖家中心是淘宝网店的管理后台，图 1.3 所示为千牛卖家中心首页。千牛卖家中心的栏目主要有"首页""商品""交易""私域""内容""店铺""营销""推广""客服""财务""数据""服务"等。

图 1.3　千牛卖家中心首页

1.　"首页"栏目

"首页"栏目展示店铺基本信息、信用等级、动态评分、保证金交纳情况等信息，使卖家一键直达核心操作。卖家在该页面可以查看商家成长层级、层级权益，并完成成长任务，使店铺经营提效。

2. "商品"栏目

"商品"栏目包括"商品管理""商品运营""商品货源""市场发现"等四个子栏目,如图 1.4 所示。"商品管理"主要用于对店内商品及商品素材进行管理,包括商品发布、商品装修、商品素材管理、图片空间管理、视频空间管理、商品仓储库存管理等功能;"商品运营"包括"商机发现""新品运营"等功能,"商机发现"功能为商家提供市场机会推荐,为店铺上新选品运营提供数据化的指导,"新品运营"功能为新品获得更多曝光提供指导;"商品货源"提供了平台的工厂货源及货品管理功能;"市场发现"提供了淘分销货源等。

图 1.4 "商品"栏目页面

3. "交易"栏目

"交易"栏目包括"订单管理""物流管理""投诉与申诉"等子栏目,如图 1.5 所示。

(1)"订单管理"子栏目包括"已卖出的宝贝""退款管理""评价管理"等功能。在"已卖出的宝贝"中可以查看已卖出的宝贝信息,并根据订单进行发货;在"退款管理"中可以对用户退款情况、售后工作台、价保管理、退差价等进行管理;在"评价管理"中可以对交易订单进行批量评价、对买家评价进行批量回复等。

(2)"物流管理"子栏目包括"发货""打单工具""物流服务""物流工具""包裹监控""物流数据"等功能。在"发货"中可以查看待发货订单和已发货订单,并且根据待发货订单进行发货;在"打单工具"中可以同步订单数据,通过安装菜鸟云打印组件打印电子面单,打印前需和快递公司建立合作关系;在"物流服务"中可以开通相应物流服务,如"淘宝时效服务""消费者选快递"等;在"物流工具"中可以选择物流运费模板,也可以选择菜鸟裹裹进行发货;"包裹监控"是平台给商家提供的用于提前感知并处理网店内异常订单或包裹的工具,基于订单或包裹的物流信息与相关预警规则为商家提供监控预警与提醒;"物流数据"是对时效管理、物流诊断、异常协同(包括超时订单详情、延迟发货报备)、退货物流总览等物流数据进行管理的工具,以帮助商家提高物流服务质量。

图 1.5 "交易"栏目页面

（3）"投诉与申诉"子栏目包括"我要投诉""我被投诉""我要申诉""我要报备"等功能。在"我要投诉"中可以对异常订单、异常投诉、异常评价、异常群体及其他异常情况进行投诉；在"我被投诉"中可以查看因违约而被投诉的情况；"我要申诉"是卖家被处罚后进行申诉的通道，包括处罚申诉、赔付申诉和纠纷申诉等，申诉时要提供相应的凭证；"我要报备"是卖家在运营网店的过程中，如果遇到一些突发情况，比如延迟发货等，需要及时进行报备，以避免对网店造成不良影响。

4．"私域"栏目

"私域"栏目包括"总览""用户运营""店铺运营""触达通道""策略效果"等子栏目，如图 1.6 所示。其中，"总览"中列出了"消费者概览""推荐工具""私域运营手册"等功能；"用户运营"包括"人群管理""粉丝运营""会员运营""老客运营""自定义运营"等功能；"店铺运营"包括"店铺获客"等功能；"触达通道"包括"淘宝群"等功能；在"策略效果"中可以查看运营策略效果数据。关于"私域"栏目的内容将在本书第 9 章做详细介绍。

图 1.6 "私域"栏目页面

5. “内容”栏目

“内容”栏目汇集了淘宝平台的内容运营工具，包括“内容中心”“内容灵感”“内容创作”“内容合作”“内容管理”“内容数据”“内容学院”“店铺直播”“内容采买”等子栏目，如图 1.7 所示。其中，“内容创作”包括“创作工具”“发店铺视频”“关注运营”等功能。关于“内容”栏目的内容将在本书第 8 章做详细介绍。

图 1.7 “内容”栏目页面

6. “店铺”栏目

“店铺”栏目包括“店铺管理”“店铺装修”等子栏目，如图 1.8 所示。

（1）“店铺管理”子栏目包括“综合体验分”“店铺信息”“店铺体检”“子账号管理”“店铺素材”“隐私保护”“层级与权益”等功能。在“综合体验分”中可以查看店铺的综合体验分、服务报告、原声洞察；在“店铺信息”中可以查看店铺的基本信息，能对店铺进行角色认证；在“店铺体检”中可以对发布的商品进行检查，看是否有违规商品；在“子账号管理”中可以为一个店铺按照岗位设置多个子账号，实现多人管理；“隐私保护”是平台通过订单隐私保护措施对订单信息进行加密保护，卖家查看用户信息需要解密，解密具有日额度，如超过限额，则需要通过“御城河”商家系统申请提额；“层级与权益”是淘宝网根据店铺实际经营情况，诊断评估出店铺所处成长阶段，并根据成长阶段提供多项免费的经营权益汇总，淘宝商家共有 8 个成长层级，从低到高为 Lv.1 ~ Lv.8。

图 1.8 “店铺”栏目页面

（2）在“店铺装修”中可以对手机店铺和 PC 店铺进行装修，并且对装修进行管理，关于店铺装修的内容将在本书第 5 章做详细介绍。

7. "营销" 栏目

"营销"栏目汇集了淘宝平台的营销活动和营销工具，主要包括"营销活动""竞价活动""营销管理""营销场景"等子栏目，如图 1.9 所示。关于"营销"栏目的内容将在本书第 7 章做详细介绍。

图 1.9 "营销"栏目页面

（1）"营销活动"子栏目包括"活动报名""活动动态""已报活动""已报商品""爆品分层"等功能。"活动报名"中列出了平台近期将开展的活动的详细情况，卖家可以在此查看自己能参加的活动及收费情况，也可以在这里报名；在"活动动态"中卖家可以查看专属邀约、任务、报名动态、通知等；在"已报活动"和"已报商品"中卖家可以查看自己已报的活动和商品；"爆品分层"帮助商家根据销售情况对商品进行分级。

（2）"竞价活动"子栏目包括"爆款竞价""营销竞价"等入口。"爆款竞价"包括同品牌同款竞价、不同品牌赛道竞价；"营销竞价"包括精选竞价、官方竞价。

（3）"营销管理"子栏目包括"营销工具""营销素材""营销费用""优惠风险"等功能。其中，"营销工具"中罗列了平台提供的主要营销工具，包括"店铺引流工具"（如优惠券、裂变优惠券、权益中心等）、"提升转化率工具"（如单品宝、全店包邮、N 元任选等）、"提升客单价工具"（如店铺宝、搭配宝等）；在"营销素材"中可以对商品素材和店铺素材进行管理；在"营销费用"中可以对报名参加活动产生的付费状态进行查询；在"优惠风险"中可以针对优惠的商品进行资产损失风险管理。

（4）"营销场景"子栏目包括"聚划算""天天特卖""百亿补贴""淘宝好价""淘金币"等入口，点击即可参加相应的营销活动。

8. "推广" 栏目

"推广"栏目汇集了淘宝平台的付费推广工具，主要包括"推广中心""推广服务"等子栏目。其中"推广服务"包括"关键词推广（原直通车）""人群推广（原引力魔方）""商品推广""消费者推广""活动引流""内容推广""店铺推广""跨境推广""淘宝联盟""超级互动城""创意制作""品牌新享""天合计划"等，如图 1.10 所示。2023 年 7 月，淘宝网的万相台、引力魔方、关键词推广等三大付费推广工具合并，全新升级为"万相台无界版"。关于

"推广"栏目的内容将在本书第 7 章做详细介绍。

图 1.10 "推广"栏目页面

9. "客服"栏目

"客服"栏目包括"客服总览""客服数据""接待管理""跟单工具""售后管理"等子栏目。如图 1.11 所示。其中，"客服总览"中列出了"客服待办任务""服务数据""团队考核""常用接待工具""动态"等功能；"客服数据"包括"接待数据""数据概览"等功能；"接待管理"包括"现场管理""客服分流""接待工具""机器人"等功能。关于"客服"栏目的内容将在本书第 9 章做详细介绍。

图 1.11 "客服"栏目页面

10. "财务"栏目

"财务"栏目主要包括"总览""资金管理""对账管理""发票管理""保证金""淘宝金融"等子栏目，如图 1.12 所示。"总览"中列出了待办事项、连续两个月的收入汇总、结算货款趋势、工具、最新动态等功能；在"资金管理"中可以对网店已做的付费推广业务的账户、保证金账户进行管理；"对账管理"包括"账户明细""收支账单""对账规则"等功能；"发票管理"包括"申请发票""给平台开票""给买家开票""查询税编税率""基础信息"等功能；在"保证金"中可以对风险保证金和消保保证金进行管理；"淘宝金融"主要用于支付宝、余利宝和网商银行账户收支管理以及贷款管理，包括"金融服务""极速回款""信用贷"等功能。

图 1.12 "财务"栏目页面

11．"数据"栏目

"数据"栏目能够直接链接到生意参谋页面，卖家可以在此查看店铺的流量数据、品类数据、直播数据、内容数据、交易数据、营销数据和物流数据等，并以此为依据做出运营决策。关于"数据"栏目的内容将在本书第 10 章做详细介绍。

12．"服务"栏目

"服务"栏目能够直接链接到服务市场页面。淘宝服务市场是阿里巴巴旗下的一站式电子商务服务平台，通过聚合众多优质服务商，为卖家提供经营全链路中所需的专业服务与工具。卖家可以在服务市场中找到店铺经营过程中所需的工具软件、运营服务、资讯教程等，助力店铺高效发展。

1.4　商品与货源的选择

卖家在选择网店主营商品之前，需要先对整个淘宝市场有充分的认识和了解。首先，要分析淘宝市场的整体趋势；其次，要对自己所在行业的趋势进行深入考察和研究，掌握所在行业采购市场的行情和动态，熟悉所在行业客户市场的趋势和特性。卖家可以通过生意参谋、百度指数等专业工具分析市场趋势（使用生意参谋分析市场趋势需要付费升级并订购相应的板块）。下面主要借助百度指数分析市场趋势。

1.4.1　商品的选择

1.4.1.1　根据市场趋势选择商品

图 1.13　百度指数的首页

对市场趋势进行调查是开网店前非常重要的一环，卖家可以通过生意参谋→"市场"→"搜索指数"来了解市场趋势，还可以通过百度指数来分析市场趋势。百度指数是研究客户兴趣、习惯的重要数据参考平台。卖家通过百度指数可以查看商品的长期走势、客户群体特性、商品搜索量和成交量的排行榜等内容。图 1.13 所示为百度指数的首页，卖家可以在搜索栏中输入想查询的商品类目的关键词,通过搜索指数、人群画像等对该商品类目进行全方位的分析。

1. 搜索指数

搜索指数能反映市场搜索趋势,但并不等同于搜索次数。卖家通过搜索指数可以掌握商品的长期搜索趋势。在百度指数的搜索栏中输入几个关键词,可以比较这些关键词的搜索指数。如在图1.13所示的百度指数搜索栏中输入关键词"连衣裙,长裙,短裙"(逗号在英文状态下输入),可得到"连衣裙""长裙""短裙"的搜索指数,如图1.14所示。

图1.14 "连衣裙""长裙""短裙"的搜索指数

通过搜索指数概览,卖家可清晰地了解商品近7天、近30天、近90天、近半年或自定义时段的搜索指数的变化情况。仍以上述关键词为例,从搜索指数概览中可以看到"连衣裙"近30天的搜索指数整体同比下降了4%,整体环比下降了4%,移动同比下降了10%,如图1.15所示。由此可以大体掌握"连衣裙"的搜索指数的变化趋势。同时,卖家还可以通过搜索指数的变化趋势对未来一段时间内的市场行情变化做出判断。

图1.15 "连衣裙""长裙""短裙"的搜索指数概览对比

2. 人群画像

卖家如果想进一步了解什么人会搜索"连衣裙",可使用百度指数的人群画像功能。人群画像通过对搜索人群的地域分布、人群属性做出精准的数据统计与分析,方便卖家更加准确地了解商品客户群体的特性。

(1)地域分布。例如,搜索"连衣裙"的网民地域分布结果显示,江苏、广东、安徽、浙江、山东等地区的网民近7天对连衣裙的关注度较高。另外,该功能还可以针对区域或城市继续进行排名分析。

> **小贴士**
>
> **人群画像**
>
> 人群画像指以大量数据为基础,通过收集与分析消费人群的社会属性、生活习惯、消费行为等主要信息数据,对消费人群全貌进行数学建模,以实现消费人群类型的标签化,直观构建出消费市场的"全息画像",完美地抽象出消费人群的商业全貌。

（2）人群属性。搜索"连衣裙"的网民人群属性如图1.16所示。从年龄维度分析，搜索"连衣裙"的网民年龄主要集中在20～39岁，其中20～29岁（编者注："29"应改为"30"，即 30 岁以下不含 30 岁，本书未予纠正）人群占总体的 35.90%，30～39 岁人群占总体的37.62%。从性别维度分析，搜索"连衣裙"的女性网民占56%。综合以上两项数据指标分析，卖家在连衣裙的风格特色、功能、定价方面应重点考虑20～39岁女性客户的需求和消费特点，但是男性客户对连衣裙的关注度也是不容忽视的。

图 1.16　搜索"连衣裙"的网民人群属性

1.4.1.2　选择符合市场需求和行情的商品

网店商品必须是符合市场需求的适销商品。适销指商品类目、价格、质量等方面与市场需求相适应。

卖家在选择网店商品时要分析网店商品所属的行业是否处于饱和状态、是否为当前热门行业、是否为潜力行业，行业竞争是否过于激烈，国家对于该行业是否有特殊的法律法规等。选择网店商品时，既可以选择热门行业的商品，以迎合大众的消费需求，也可以选择冷门行业的商品，打造有独特风格与特色的网店。

1.4.1.3　卖自己熟悉的商品

对于刚入行的卖家，建议从自己喜欢和熟悉的商品着手，这样有助于快速入门。如果这类商品是卖家感兴趣的，那么卖家肯定愿意为它付出更多时间和精力，工作起来也会更加愉快和顺利。

一般来说，女性可以选择卖包、服饰、化妆品等，这样能够获得满足感，工作起来也会更加愉快；相应地，男性可以选择数码商品、创意品等来经营，这也比较符合自己的兴趣和喜好。

1.4.1.4　卖有货源优势的商品

所谓货源优势，就是说卖家能够接触到更加优质或者低价的货源，如果有相关的货源优势，那么经营网店肯定会相对容易很多。比如，居住地靠近服装厂或农产品产地，就会具备一定的货源优势，进货、发货都能够更便捷。

1.4.2　货源的选择

货源的好坏与网店的动态评分有直接关系，并影响网店的运营。因此，寻找货源、选择货源，对新手卖家至关重要。

选择货源时，一般应重视其稳定性、利润空间等。货源要稳定，不能经常断货，断货会影响销售，如果不能及时发货，一方面，卖家可能会面临退款问题，另一方面，平台对此会有相应的处罚，如禁止参加活动一年等；有利润空间是选择货源的关键，只有存在利润空间，卖家才可能进行后续的网上销售业务。此外，商品的质量与价格要匹配。如果货源是品牌商品，则需要得到授权，否则可能会被举报或被平台处罚。网店的主要货源有以下几种。

1.4.2.1 阿里巴巴官方平台

1. 阿里巴巴概况

阿里巴巴（1688）为卖家提供了海量商业信息和便捷、安全的在线交易平台，是国内最大的线上采购批发平台，也是卖家互动的社区平台。1688覆盖原材料、工业品、服饰、家居百货、小商品等十几个行业大类，提供原材料、现货、生产、加工等一系列的产品和服务。

（1）多种货源。1688厂家众多、地区覆盖面广，各厂家的商品品质、供应链情况参差不齐。因此，在1688挑选货源要看厂家的销量、评价、复购率、图片质量、网店单品销售情况、响应速度和发货速度、诚信通年限、是否有金牛标志等信息。另外，还需要查看厂家的联系方式、地址等信息。1688提供多种货源，如"淘卖专供""跨境专供"等。1688提供的货源基本都支持批发、一件代发等。

（2）产业带工厂。产业带是一个带状的链条产业集中区域，是相关或相同产业的基地，在此区域内可以形成产业集聚效应，可以更好地壮大产业，如杭州的女装、扬州的毛绒玩具、深圳的3C产品、佛山的卫浴产品等。在1688首页点击"网站导航"→"产业带"，即可扫码查看产业带地图。选择不同类目产品的产业带，可以看到每个产业带工厂的联系方式，客户可以实地考察其产品质量、价格等情况。产业带工厂拿货价格低、产品款式多、货源充足、供应链可控，缺点是要求进货量大、容易压货，且多数厂家不愿与小卖家合作。

2. 千牛卖家中心"商品"栏目下的货源

（1）"商机发现"。进入千牛卖家中心，选择"商品"→"商品运营"→"商机发现"，这里会根据卖家店铺销售的商品类型提供一些"蓝海商品"，卖家选中商品后可点击"上新"或"提报"。图1.17所示为"商机发现"页面。

图1.17 "商机发现"页面

　　（2）"工厂货源"。进入千牛卖家中心，选择"商品"→"商品货源"→"工厂货源"，可以看到 1688 提供的一些工厂货源，如图 1.17 所示。

　　（3）"淘分销"（2022 年 6 月升级为"鲸芽"）。进入千牛卖家中心，选择"商品"→"市场发现"→"淘分销"，进入如图 1.18 所示的"鲸芽"页面，点击"进入后台管理"可进入"淘分销"后台选择商品。

图 1.18　"鲸芽"（淘分销）页面

1.4.2.2　分销网站

　　除了阿里巴巴官方平台外，还有很多提供批发服务的分销网站适合中小卖家选择货源，如购途网、四季星座网、货捕头、衣联网等。在这些平台上，应尽量选择满足以下条件的货源：提供图片或数据包，可以直接上传商品，价格有优势，可以一件代发，售后服务周到。

1.4.2.3　线下批发市场

　　一些线下批发市场也是卖家寻找货源的不错选择，如广州流花服装批发市场、义乌小商品城等。线下批发市场商品更新快、品种多，但是容易断货，品质难以得到保障。线下批发市场可以为国内电商平台提供货源，也可以为跨境电商平台提供货源。

1.4.2.4　其他货源

除了以上货源外，卖家还可以通过如下渠道找到合适的商品。

（1）库存积压或清仓处理的商品。这类商品因为急于处理，通常可以以较低的价格买下，然后零售给需要的买家，这样也能获得一定的利润。

（2）外贸商品。外贸余单商品中有不少好货，这部分商品大多每款只有几件，款式有可能是现在或将来流行的，而价格可能只有商场的一半左右，因此比较容易销售。

（3）国外打折商品。在重大节日前夕，国外的一线品牌通常会有很大的折扣，卖家如果可以在国外买到打折商品，适当提高价格在网上销售，也能获得一定的利润。

（4）当地的特色农产品。特色农产品在主要产地出产量大，卖家方便直接和农户对接，从而容易得到较低的价格。

本章小结

本章内容是网店运营的基础，首先介绍了常见的网店平台、网店运营涉及的法律问题，然后以淘宝网为例介绍了平台规则、开店的步骤与注意事项、千牛卖家中心的操作、货源的选择等。

课后习题①

一、名词解释

电子商务经营者　达人商家　人群画像　分销网站　产业带

二、单项选择题

1.（　　）不能开设旗舰店。

　　A．淘宝网　　　　B．天猫　　　　　C．京东　　　　　D．拼多多

2.（　　）这一电子商务经营者不需要进行市场登记。

　　A．微商　　　　　　　　　　　　　B．个人网店经营者

　　C．销售自产农副产品的个人　　　　D．代购

3.一个淘宝会员最多可以绑定（　　）支付宝账户。

　　A．1个　　　　　B．2个　　　　　C．3个　　　　　D．不限

4.下列关于会员名的表述中，（　　）是正确的。

　　A．会员名由6～25个字符组成

　　B．会员名可以使用小写字母、数字、下划线、中文

　　C．会员名可以由两个汉字组成

　　D．输入会员名是淘宝账号唯一的登录方式

5.（　　）属于淘宝网无效交易凭证。

　　A．阿里旺旺留言　　　　　　　　　B．QQ聊天记录截图

---

① 鉴于与网店相关的知识更新快、涉及面广，本书课后习题中设计了部分超范围题目，建议读者通过网络查找相应的内容后获取答案，或者通过实践获取答案。

C．支付宝转账记录   D．评价

三、判断题

1．使用一张身份证只能注册一家淘宝网店。   （   ）

2．经营者负有诚实守信、切实履行合同的义务，消费者付款成功后，经营者不得以各种理由或借口随意毁约。   （   ）

3．一旦出现交易争议或者纠纷，阿里旺旺的聊天记录可以作为证据举证。 （   ）

4．淘宝网店铺名称中可以有"专卖店"字样。   （   ）

5．在"仓库中的宝贝"栏目中可以查看已经卖出的宝贝数量。   （   ）

6．在淘宝网注册的店铺不可以售卖国外的产品。   （   ）

四、简答题

1．常见的网店平台有哪些？各有什么特点？

2．在淘宝网开店的基本流程是什么？

3．简述千牛卖家中心的主要栏目。

4．网店常见的货源有哪些？

实训任务

实训任务一：开通淘宝网店

根据淘宝网开店的步骤及注意事项，开通自己的网店，记录下网店账户名、登录密码、支付宝账户名、登录密码、支付密码。

实训任务二：千牛卖家中心操作

登录"千牛卖家中心"查看各个栏目的主要功能。

实训任务三：挑选货源

1．登录"工厂货源"平台、"淘分销"平台、其他常见的分销网站等查看各个平台货源的特点。

2．结合自己网店的定位，从相关平台中选择货源，并分析货源的搜索指数和人群画像，试着将商品发布到自己的网店中。

视野拓展

新手开店前的准备

网店从业者经验谈

淘宝村

第 2 章　商品发布与管理

【知识框架】

【学习目标】

1．学会在淘宝网店中发布商品。
2．学会合理使用关键词设置商品标题、优化商品主图、撰写商品详情描述。
3．学会设置运费模板及使用打单工具。
4．熟练掌握商品基本信息修改、商品上下架管理、商品优化等。

店铺设置好后，就可以进行商品的发布了。商品发布指的是卖家在淘宝平台上架准备出售的各种商品。卖家需要掌握商品发布的方法，同时，为了使自己的商品更吸引买家，卖家还应掌握一些技巧，如编写商品标题、优化商品主图、编写商品详情描述等。其中，物流模板的设置是商品发布的一个重要环节。

2.1　商品发布

货源不同，商品发布方法也不同。本节将对自有货源、淘货源、淘分销的商品发布方法进行介绍。在发布商品时，商品标题的设置、主图的优化及详情的描述都非常重要，会直接影响商品的曝光率及点击率。

2.1.1 自有货源商品发布

1. 准备商品发布的素材

对于自有货源的商品，在发布前，需要准备好商品图片和商品信息资料。商品图片包括5张尺寸为大于700像素×700像素（一般为800像素×800像素）的商品主图、不同角度的详情展示图，商品信息资料包括商品标题、商品属性、商品卖点等。

2. 进入商品发布页面

（1）商品发布页面入口。登录淘宝网后，进入千牛卖家中心，在左侧的"商品"栏目下点击"商品管理"下方的"发布商品"子栏目（见图2.1）即可进入商品发布页面。

（2）确认商品类目。商品发布有"搜索发品"和"以图发品"两种形式，如图2.2所示：①"搜索发品"，发布自有货源商品时，在搜索框中可输入产品名称、类目关键词、条码信息等，选择合适的类目后点击图2.2中的"确认，下一步"，进入完善商品信息页面（见图2.3）；发布淘宝网推荐商品时，从淘宝网"热门推荐"的商品中选择合适的"类目"→"商品"，点击"发布"（见图2.2），可直接进入完善商品信息页面。②"以图发品"适用于自有货源商品发布，选"从本地上传"或"从图片空间上传"，上传图片后点击图2.2中的"确认，下一步"，进入完善商品信息页面。

> **小贴士**
>
> 上传商品主图要打开卖家网店的"图片空间"页面，选择要上传的商品主图。如果"图片空间"中没有想要的商品主图，可以从本地电脑中选择图片先上传到卖家网店的"图片空间"中。

图2.1 "发布宝贝"子栏目

图2.2 商品智能发布页面

3. 完善商品信息

进入完善商品信息页面，完善商品信息时可以按照左侧的"填写助手"提示的内容填写。

（1）编写商品标题。最多允许30个汉字（60个字符）。

（2）完善商品属性信息。系统已经通过上传的图片和条码自动填写了部分商品属性，如图2.3所示。根据要求，卖家需要完善商品属性信息，同时需要填写商品的销售

图2.3 完善商品属性信息

信息，包括库存、价格、发货时效等信息，商品属性信息应尽量详细填写。完整的商品属性信息会增强买家对商品的信任感，获得淘宝网对商品的肯定，提升商品在淘宝网中的搜索排名，从而使商品获得更多的展示机会。

（3）在"物流服务"中选中"使用物流配送"复选框，若要为一批商品设置同样的运费，可以选择商品的运费模板或者点击"新建"，如图2.4所示。

图2.4　设置物流信息

📖 **小贴士**

设置商品运费模板

如果已经设置了运费模板，可直接在"运费模板"下拉列表中进行选择；如果未设置运费模板，可点击"新建"，具体操作将在下一节中详细介绍。

（4）如图2.5所示，按要求上传主图、主图视频（选填）和商品详情描述等即可。

（5）选择"售后服务"信息。在保修服务、退换货承诺、服务承诺等三项"售后服务"信息中选择1～3项。

完善商品信息后，选择商品上架时间（"立刻上架""定时上架""放入仓库"），点击"提交宝贝信息"按钮，即可完成该商品的发布，如图2.6所示。

图2.5　完善商品图文信息

图2.6　完成商品发布

2.1.2　1688货源商品发布

1688货源直通淘宝卖家后台，可以批发、代发，1688为淘宝卖家提供快捷的分销工具。

（1）进入1688首页，在搜索栏输入商品的关键词，如图2.7所示，或者点击轮播图下方的"淘卖专供"进入"一件代发"页面。例如，在搜索栏中输入"钥匙扣"后点击"搜索"，在搜索结果页面点击想要代销的商品即可进入商品页面，如图 2.8 所示。

图 2.7　1688 首页

（2）在商品页面选择"一件代发"，可以看到该商品的价格、优惠、服务、铺货包邮价等，下方有"快速铺货""加铺货单""立即下单""加采购车"等四个按钮，点击"快速铺货"，如图 2.8 所示。

图 2.8　1688 货源商品页面

（3）进入"选择铺货工具"页面，卖家可以选择"官方铺淘工具"或者第三方铺货工具，然后点击"开始铺货"即可将商品添加至"淘管家"，如图 2.9 所示。

（4）如果要直接上架商品，点击"去千牛上架"，即可进入淘宝网店商品发布页面，完善信息后完成商品发布；对于铺货完成的商品，卖家可以点击"去淘管家查看"，如图 2.10 所示。

（5）点击"去淘管家查看"后进入淘管家页面，如图 2.11 所示。卖家可以在此查看"我的订单""我的已铺货商品""我的货源""我的供应商"等信息，并进行代销分账设置等。

图 2.9　选择铺货工具页面

图 2.10　铺货完成

图 2.11　淘管家页面

> 📖 **小贴士**
>
> **代销分账**
>
> 　　淘宝卖家和淘货源供应商开启代销分账后，如果淘宝客户下单，订单会自动同步到阿里巴巴分销管理后台，并由系统自动向供应商发起采购，相应订单会标记"代销分账"。整个流程中，淘宝卖家无须下单及付款，即实现不垫款采购。如果不开启代销分账，淘宝卖家点击下单之后需要核对收货地址并付款。

　　（6）在淘管家页面选择"我的已铺货商品"，如图 2.11 所示，点击商品后面的"去上架"即可进入淘宝网店商品发布页面，完善该商品的价格、运费等信息后完成商品发布。

2.1.3　淘分销商品发布

　　淘分销（鲸芽）是淘宝专为淘宝卖家提供的分销平台，用于帮助供货商搭建、管理及运营其网络销售渠道，帮助分销商获取货源。淘分销用户包括供货商及分销商。供货商和分销商入驻都需要签署相应协议，遵守分销规则。淘分销首页如图 2.12 所示。

图 2.12 淘分销首页

　　分销商在搜索栏中输入关键词进行搜索，选择合适的货源商品，点击即可进入商品页面，如图 2.13 所示。在该页面点击"立即铺货"弹出铺货选择窗口，如图 2.14 所示。如果是第一次发布该商品，则选择"发布新宝贝"；如果店内已经有该商品，则选择"关联已有宝贝"。点击"发布新宝贝"进入图 2.15 所示页面，对商品价格进行编辑，点击"铺货"即可将该商品上传到店铺仓库中。

图 2.13 淘分销商品页面

图 2.14 铺货选择

图 2.15 商品价格编辑并铺货

　　对于分销的商品，分销商可以在淘分销首页点击"管理后台"或"进入后台管理"进入淘分销管理后台，如图 2.16 所示。

　　淘分销管理后台包括"宝贝管理""我的交易""营销管理"等栏目。在"宝贝管理"下的"商品管理"中可以对分销商品进行取消关联、编辑、同步信息、上架等操作；在"我的交易"中可以查看和处理代销订单、代销退款单等；在"营销管理"中可以查看和报名参加供货商发布的赏金活动，以及查看月结账单并进行提现等。

图 2.16　淘分销管理后台

2.1.4　商品发布的关键要素

无论是哪种货源的商品，商品标题、商品主图、SKU 图和商品详情描述等都是商品发布的关键要素。

1. 商品标题

在淘宝网购物，常用的两种搜索商品的方式是按照商品的属性进行类目检索和在搜索栏中输入关键词进行搜索。关键词就是组成商品标题的主要元素，是提高商品曝光率的关键词语。商品标题应限定在 30 个汉字（60 个字符）以内，否则会影响商品的发布。如果商品标题中没有包含买家所搜索的关键词，则该商品就无法出现在搜索结果列表中。因此，商品的关键词非常重要（如何选择关键词，将在第 6 章详细讲述）。

2. 商品主图

当买家通过关键词搜索到想要的商品时，淘宝网会通过类目筛选和关键词截取的方法推送与之相关的商品图片给买家，买家第一时间看到的商品图片就是商品主图。

商品主图的质量关系到品牌的形象和定位，甚至会影响商品的搜索权重。因此，如果能设计好商品主图，就能使网店获得更多的流量和更高的点击率，从而扩大销量。

淘宝网的商品一般有 5 张主图（女装类目还有 1 张长图，共 6 张）。

（1）商品主图要求为正方形，这样在展示时才不会变形。

（2）商品主图的大小不能超过 3MB，图片尺寸需为 700 像素×700 像素以上，这样商品主图可以在商品详情页放大。若第 5 张主图为商品白底图，则可以增加商品在手机端淘宝 App 首页曝光的机会，系统根据清晰的商品正面图可以自动生成第 5 张白底图。

（3）商品主图应尽量色调统一。

（4）商品主图不能有边框，不能由多张图片拼接而成，一张图片只反映商品某一方面的内容。

（5）商品主图不得出现留白（即图片与模块大小不匹配，图片周围出现空白）。

3. SKU 图

当一款商品的品牌、型号、配置、等级、花色、包装、容量、单位、生产日期、保质期、用途、价格、产地等任一属性与其他商品存在不同时，可称其为一个单品。通常将一个单品定义为一个 SKU（Stock Keeping Unit，最小存货单位）。

在电子商务中每款商品都有若干个 SKU，以便对商品进行识别。例如，一款粉红色女装的 S 码是一个 SKU，M 码是一个 SKU，L 码也是一个 SKU，所以一款粉红色女装有 S、M、L 等若干个 SKU。

图 2.17　SKU 图的位置

（1）SKU 图的位置。在商品详情页主图的右侧，点击图 2.17 所示的"颜色分类"中的任意一张图片，在左侧主图的位置就可以看到选择的 SKU 图。

（2）SKU 图的设置。卖家登录"千牛卖家中心"，进入"一口价宝贝发布"页面，在"宝贝规格"的"颜色分类"中选择颜色后，就可以上传同色商品的 SKU 图，如图 2.18 所示。

图 2.18　上传 SKU 图

4. 商品详情描述

商品标题的 30 个汉字不足以充分说明商品的优势和价值，因此商品的用途、特色等还需要用更多文字加以说明。商品详情描述是影响买家是否购买的一个重要因素。

淘宝网的商品详情描述容量是 25 000 字节（一个英文字母占一个字节，一个汉字占两个字节），足够用来列出商品的详细介绍和说明。

在撰写商品详情描述时要注意以下几个方面。

（1）内容要全面。卖家要站在买家的角度去思考其关心的问题。例如，材质、尺寸、价格、重量、颜色、适合人群、寓意、品质、赠品、服务承诺、支付方式等都是买家关心的内容。另外，服装类商品可以呈现面料、内衬、颜色、扣子（拉链）、走线和特色装饰等细节，特别是领子、袖口、腰身和下摆等部位的细节，细节实拍可搭配简洁的文字说明，如图 2.19 所示。

图 2.19　某商品部分详情描述

（2）突出商品卖点。各行业都存在商品同质化问题，因此，深挖商品卖点，编写独一无二的商品详情描述很关键。卖家可以从产品质量和品牌优势方面着手，使用对比手法，吸引买家购买。

（3）商品详情描述应结合文字、图像、表格等多种形式，这样能让买家更直观地了解商品，也会提高他们购买的可能性。

（4）参考同行网店。卖家可以参考同行的皇冠网店，看一看它们的商品详情描述，择其优点应用于自己的网店中。

2.2　运费模板设置与打单工具的使用

2.2.1　运费模板的设置

运费设置是商品发布的关键环节。作为一名在淘宝网上开店的卖家，其网店的买家来自全国各地，由于各地快递的价格不一，因此运费设置工作量很大。卖家如果能很好地使用运费模板，就可以在一定程度上减少工作量。使用运费模板可以将不同地区的快递价格设置好，之后应用在商品上，当有买家浏览商品时，运费可自动显示在商品页面中；使用运费模板还可以批量修改运费，从而节省时间，提高工作效率。

下面简要介绍运费模板的设置方法。

（1）登录淘宝账户，进入千牛卖家中心页面，选择"交易"栏目下的"物流管理"，点击"物流工具"，在新打开的页面中点击"基础配置"下的"运费模板设置"，如图 2.20 所示。

图 2.20　点击"运费模板设置"

（2）在打开的页面中点击"新增运费模板"，如图 2.21 所示，打开运费模板设置页面，如图 2.22 所示。在运费模板设置页面输入模板名称，选择发货地、是否包邮、计价方式、运送方式等。注意，在选择运送方式时，"默认运费"是指除指定地区外，其余地区均使用这种运费计算方式。"每增加 1 件，增加运费×元"指的是如果买家购买了两件商品，第一件收取默认运费，第二件收取运费×元。

（3）设置指定地区的运费。当选择图 2.22 中"为指定地区城市设置运费"时，系统会自动弹出一个包含地区信息的提示框，点击"编辑"，选择指定地区，点击右下角的"保存"，就可以将运费应用于指定地区了。使用同样的方法，可设置不同地区的平邮和 EMS 费用。

（4）运费模板设置好后，就可以在发布商品时选择设置好的运费模板了。

（5）运费模板页面会显示所有的运费模板，点击某个模板右上角的"删除"，可以删除该运费模板；点击"修改"则进入编辑页面；点击"复制模板"可以将该模板复制到新的运费模板中。需要注意的是，如果网店通过淘货源或淘分销代销了商品，则供应商的运费模板也会自动导入，但是淘宝卖家不能修改。

图 2.21 新增运费模板

图 2.22 运费模板设置页面

2.2.2 打单工具的使用

千牛打单工具是千牛平台提供的一个方便快捷的工具，可以帮助商家进行订单的快递单打印和发货操作。进入千牛卖家中心页面，选择"交易"栏目下的"物流管理"，点击"打单工具"，进入如图 2.23 所示的页面。下面简要介绍打单工具的使用方法。

图 2.23 "打单工具"设置页面

（1）设置面单发货地址。查看是否已设置发货地址，卖家一般在店铺的基本设置中已完成发货地址的设置。

（2）开通电子面单。点击图 2.23 中"开通电子面单"下方的"去设置"，进入如图 2.24

所示的页面，然后选择所需要开通的服务商。开通服务商过程中，同样需要设置对应的发货地址，信息全部填写后，需等待服务商审批，卖家也可以提前和服务商沟通好后再进行申请。

（3）下载并运行打印组件。按提示下载打印插件，并根据打印指南、打印机连接指南进行相应的连接。如卖家使用云打印机，无须安装打印组件也可打单。

图 2.24 "开通服务商"信息的填写

📖 **小贴士**

手机端"打单工具"的打印机连接

卖家在开通电子面单后，可以在手机端千牛平台通过打单工具简单、高效地打印面单。云打印机绑定：通过扫描打印机二维码即可快速绑定。蓝牙打印机绑定：打开手机蓝牙，选中对应的打印机，进行蓝牙匹配。设置好快递模板信息后就可以打印面单了。

（4）设置快递模板信息。①选择已开通的服务商；②设置打印机信息与发退货地址；③填写快递服务信息。

（5）打印快递单。根据所需条件筛选出需要打印的订单，选中对应的订单后，点击"打印快递单"，进入打印页面后，进行打印设置，如选择快递模板、打印机、网点、发货地址等。打印完成后，将快递单贴在相应包裹上，并根据物流要求进行发货。

2.3　商品管理

商品发布以后，可以通过商品管理工具对商品进行管理。进入千牛卖家中心页面，在左侧的"商品"栏目下点击"商品管理"下方的"我的宝贝"子栏目，即可进入商品管理页面，如图 2.25 所示。在该页面中，可以对商品进行查看、优化、编辑、上下架等操作。

图 2.25　商品管理页面

2.3.1　商品查看

卖家可以根据商品的状态查看商品，如"出售中""仓库中""草稿""回收站"等，如图 2.26 所示。卖家可通过输入关键字在相应的商品列表中搜索商品。①"出售中"指的是已发布并且上架的商品，淘宝用户进入店铺后可以看到。②"仓库中"指的是已发布但是没有上架的商品，淘宝用户进入店铺后无法看到。通过 1688 和淘分销代销的商品都在仓库中，需要完善信息后才能上架。③"草稿"是指编辑中的商品。④"回收站"里是已删除的商品。可以通过"恢复到仓库"将删除的商品恢复，但是同一宝贝七天内只能恢复一次，所以卖家在删除商品时要谨慎。

图 2.26　商品查看

点击 ⋯ 图标还可以查看违规商品、滞销下架商品、历史商品等。违规商品是指由于违反平台规则而下架的商品；滞销下架商品是指下架的 90 天内无编辑、无流量、无出售的商品；滞销下架商品在 90 天后，就会被归为历史商品。

通过商品列表，可以看到商品的基本信息，如商品名称、价格、库存、销量、信息质量、创建时间等，同时也可以看到商品的货源和当前状态。图 2.27 中，商品的名称下方显示货源是"1688"；在创建时间下方则显示商品当前的状态是"仓库中"还是"出售中"。

图 2.27　商品列表

2.3.2　商品优化

淘宝平台为卖家提供了智能优化工具，该工具可据商品信息填写完整性、规范情况等对店铺的商品信息做出优化诊断，内容包含标题、属性、图片、视频、商品详情等。此外，它还可以对店铺的整体商品质量做出评估，并对商品问题进行分类。点击图 2.27 所示页面中某商品"信息质量"分数下方的"去优化"即可进入该商品优化页面，如图 2.28 所示，其左侧有"优化建议"和"填写助手"，卖家可以参考建议及填写要求对商品进行优化，然后点击"提交宝贝信息"。

图 2.28　商品信息优化页面

2.3.3　商品编辑

（1）基本信息修改。将鼠标指针移动至商品上方，可以看到"商品名称""价格""库存"都呈可编辑状态，如图 2.29 所示，点击 ✎ 图标即可修改信息。如果想编辑更多信息，可以点击"操作"栏中的"编辑商品"进入商品发布页面重新编辑相关信息，然后提交信息。

图 2.29　商品信息呈可编辑状态

（2）商品的上下架可以借助商品列表右侧"操作"栏中的"更多"完成。如果当前商品在仓库中，则可以选择"立即上架"或者"定时上架"操作，如图 2.29 所示；如果当前商品处于上架状态，则可以选择"立即下架"操作。

（3）商品批量操作。当需要对多件商品进行相同操作时，可以通过勾选多件商品，选择"批量删除""批量设置发货时间"或"更多批量操作"下的"设置公益商品""批量设置运费""批量设置运费模板"等完成相应操作，如图 2.30 所示。

图 2.30　商品批量操作页面

本章小结

网店开通后即可进行商品发布，本章首先介绍了不同货源商品发布的方法和商品发布的关键要素（商品标题、商品主图、SKU 图、商品详情描述），然后介绍了运费模板的设置与打单工具的使用，最后介绍了商品的管理。

课后习题

一、名词解释

SKU　代销分账　运费模板　打单工具

二、单项选择题

1. 商品标题最多可以容纳（　　）个汉字/（　　）个字符。

A．30；60　　　　　B．30；50　　　　　C．20；40　　　　　D．40；80

2. 当设置好定时发布以后，商品页面显示为（　　）。

A．即将开始　　　B．立即购买　　　C．交易关闭　　　D．加入购物车

3. （　　）的图片适合作为商品主图。

A．1 920 像素×120 像素　　　　　B．800 像素×800 像素

C．200 像素×300 像素　　　　　　D．750 像素×600 像素

4. 下列关于商品详情描述的说法中，正确的是（　　）。

A．商品详情描述必须全部是图片，不能有文字

B．商品详情描述的文字越大越好

C．商品类比就是与同类商品进行比较，体现本商品的优势

D．商品详情描述中必须放大量好评截图

5. 淘宝网的商品详情描述不得超过（　　）字节。

A．10 000　　　　　B．20 000　　　　　C．25 000　　　　　D．30 000

6. 判断一家快递公司是否可靠，主要（　　）。

A．看规模　　　　B．看优势　　　　C．看评价　　　　D．以上都是

三、多项选择题

1. 下列关于商品发布的说法中，正确的有（　　）。

A．商品发布后会直接上架

B．淘分销商品发布时需要淘宝卖家入驻淘分销平台

C．淘货源平台支持一件代发的商品能铺货到淘宝店

D．通过淘货源或淘分销铺货的商品不需要重新编辑，直接上架即可

2. 下列关于商品基本信息处理的说法中，正确的有（　　）。

A．如果商品图片较长，最好将图片分解为多张图片

B．详细的商品参数会使买家对商品产生信任感，参数相对齐全的商品更容易被买家接受

C．重要的文字信息可以使用放大字体、改变颜色等方法进行强调，以引起买家的注意

D．商品详情描述中只能插入一张图片

3．下列关于商品发布技巧的叙述中，正确的有（　　）。

A．最好将几件商品同时发布　　　　　B．将有特点的商品排在网店推荐位上

C．选择在黄金时段内上架商品　　　　D．商品主图应尽量色调统一

E．商品详情描述要细致

四、简答题

1．简述不同货源商品发布的方法及商品发布的关键要素。

2．简述商品主图的发布要求。

3．在撰写商品详情描述时要注意哪些方面？

📔 实训任务

实训任务一：商品的发布

正确选择商品属性、上传商品图片、编写商品标题和详情描述，并填写商品价格、运费、服务等项目，完成商品发布。

实训任务二：运费模板的设置与打单工具的使用

1．为自己的淘宝网店设置运费模板。

2．试着设置打单工具，并打印快递单。

实训任务三：对商品进行优化

1．使用"优化商品"功能对店内商品进行检测。

2．根据优化建议修改和完善商品信息，提升商品信息质量评分。

📔 视野拓展

如何修改商品信息

淘宝标题选词思路

手机端快速发布商品

天猫上架产品流程和新品发布规则

第 3 章　网店管理

【知识框架】

【学习目标】

1．学会淘宝网店的基本设置、商品分类管理、子账号管理等网店基本管理操作。

2．熟练掌握商品交易管理，包括订单管理、评价管理、投诉与申诉管理、交易服务管理等。

商品发布后，网店即进入运营状态。卖家需要对网店进行基本设置、商品分类、子账号设置等，还需要对商品订单、投诉与申诉、交易服务等进行管理。

3.1　网店基本管理

3.1.1　网店的基本设置

开通了淘宝网店之后，网店名称、店标、网店介绍等信息都是默认的，需要卖家进一步设置。卖家登录"千牛卖家中心"后按"店铺"→"店铺管理"→"店铺信息"的顺序点击，进入图 3.1 所示的页面，点击右上角"修改信息"可对店铺基本信息进行编辑。在这里需要设置店铺名称、上传店标、填写店铺联系地址，还可以对店铺进行认证等。

图 3.1 网店的基本信息页面

1. 设置店铺名称

店铺名称要简短、通俗，避免使用生僻字，同时要避免使用数字和字母。店铺名称具有唯一性，如果提交审核时存在重名，设置会失败，需要更换店铺名称并重新提交。

设置店铺名称一般应遵循以下原则。①好记。这样买家才会记住并想起你的店铺。②相关。与商品相关，如做手机充值业务，可以使用"××充值店"之类的名字。③好听。人们都希望生意红火，起个好听的名字很重要。④体现品牌。比如，"七格格"很容易让人联想到女装，作为品牌名称，销售该品牌服装的店铺的名称中一定要包含这三个字。

为了保证店铺名称及店铺其他信息的规范性，淘宝网设置了相关规范，如店铺不允许命名为"××商盟"；店标不能同我国的国家名称、国旗、国徽，中国人民解放军军旗、勋章相同或者相似；非天猫的店铺，不能在店铺首页、商品页面使用"旗舰店""专卖店""专营店"等字样；店铺介绍中不可以包含卖家个人网站的路径或链接等。

小贴士
淘宝网店铺命名及信息规范

2. 上传店标

店标即店铺标志。店标要体现店铺的风格、店主的品位、商品的特性等，应起到宣传的作用。店标的文件格式可以是 GIF、JPG、JPEG、PNG，大小为 80KB 以内，建议尺寸为 80 像素×80 像素。

设计淘宝店标时要注意以下三个方面。①注意整体构思，切合主题，可以凸显店铺的主营业务，也可以强调店名的内涵。②围绕主题选择素材，可以通过动植物、人物等来展现。③注意色调，不同的色调给人的感觉和代表的含义都是不同的，因此要根据店标的风格选择色调，而且色调要与整个版面匹配。

3. 填写店铺联系地址

卖家需要填写真实的联系地址，该项为必填信息。

3.1.2 商品分类管理

淘宝网将商品分为不同的类目，卖家需要为发布的所有商品选择相应的类目，如服装、箱包等，这样做是为了方便买家在站内进行分类查找。

卖家进入千牛卖家中心后，按"店铺"→"店铺装修"→"装修管理"的顺序点击，即可进入装修管理页面，如图 3.2 所示，点击"分类设置"即可对商品分类进行设置。

图 3.2　装修管理页面

分类管理即设置商品页的导航，如图 3.3 所示。商品类目分为一级类目和二级类目，可以方便卖家在品牌下面再添加商品属性分类，引导买家尽快找到需要的商品。

图 3.3　商品分类管理页面

1. 添加手工分类

点击图 3.3 中的"添加手工分类"，可以按照商品结构、属性、功能、时间、活动等设置商品分类。如果总类目下还有小类目，可以选择"添加子分类"进行设置，具体步骤如下。

（1）打开商品分类管理页面，点击"添加手工分类"，在"分类名称"栏中输入分类名称。

（2）点击分类名称前的三角形图标，可以在此添加子分类。

（3）点击"添加图片"，在弹出的"添加地址栏"中可以输入类目的图片文件地址，这样就能在分类页面以图片形式显示类目。卖家可以根据网店或者商品风格，为类目添加背景图片。

（4）卖家可以通过上、下箭头调整类目（包括子分类和所在的大分类）的排列顺序，以优先展示自己想要推荐给买家的商品或者活动，从而提升点击率和转化率。

2. 宝贝管理

点击图 3.3 中的"宝贝管理"，可进入"宝贝管理"页面，将网店中的商品标记为不同的类目。"宝贝管理"页面包括"全部宝贝""未分类宝贝""已分类宝贝"三个子栏目，卖家可以对未分类的商品进行编辑分类。此外，页面中还有"批量分类"功能，可以让卖家更便捷和快速地对商品进行分类管理，如图 3.4 所示。

图 3.4 "宝贝管理"页面

3.1.3 子账号管理

子账号业务是淘宝网及天猫提供给卖家的一体化员工账号服务。卖家使用主账号创建员工子账号并授权后，员工可以利用子账号登录旺旺接待客户，或登录千牛卖家中心管理网店，主账号可对子账号的业务操作进行监控和管理。开通并使用子账号业务，保持多人同时在线，可以实现众多客户分流，使客户的提问及时得到解答，从而有效提高工作效率。同时，众多客服对外以统一的形象接待客户，还可以提升网店的形象。

1. 创建子账号

目前可创建的子账号都是淘宝网赠送的，但是赠送的数量不固定。淘宝网根据网店的交易数据、子账号历史使用状况及最近的活跃度状况来综合评估并决定赠送数量。随着信用等级的提升、交易量的增多、账户活跃度的提升，网店能获赠的子账号数量也会增加。创建子账号的步骤如下。

（1）按"千牛卖家中心"→"店铺"→"店铺管理"→"子账号管理"的顺序点击，进入子账号管理页面，如图 3.5 所示。子账号管理的步骤：首先点击"我的团队"栏目，可以看到系统已经为网店创建了团队结构，卖家也可以根据需要添加或删除部门，如图 3.6 所示。

图 3.5 子账号管理页面

（2）团队结构设置好之后，点击图 3.6 中的"新建子账号"，出现图 3.7 所示的页面，按

图 3.6　设置团队结构

要求将子账号信息填写完毕，点击"确认新建"。使用子账号登录旺旺时，子账号名为"主账号名:用户名"，注意这里的冒号要在英文输入状态下输入。

（3）可以在图 3.5 所示的子账号管理页面点击"岗位管理"设置岗位权限。根据网店所有子账号的工作角色，岗位管理中每个岗位都有预设的基础权限。如果某个子账号需要补充权限，可以点击"新建岗位"建立新岗位并补充权限，如图 3.8 所示。

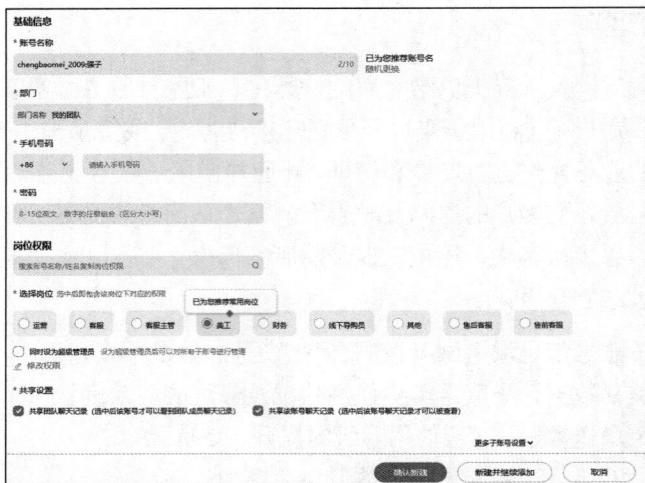

图 3.7　新建子账号

图 3.8　修改岗位权限

2. 子账号分流

当客户咨询时，参与分流的子账号就可以收到客户的信息；相反，不参与分流的子账号就只能接收之前咨询过的客户的信息，不会收到新客户发送的信息。

设置子账号分流的具体步骤如下。

（1）进入图 3.5 所示的子账号管理页面，点击"客户分流"，打开图 3.9 所示的页面。

图 3.9　客服分流管理页面

（2）在图 3.9 所示的页面选择"基础设置"后，点击"新增分组"可以创建客服分组，设置组内参与接待的客服，并设置该分组的接待范围，也可以编辑分组接待范围和组内客服成员或者删除分组。

（3）在客服分流管理页面中点击"高级设置"，进入如图 3.10 所示的页面，在此可以进行"全店调度""分组设置""客服接待设置"。在"全店调度"中可以设置机器人配置、离线消息处理机制以及全店商品分流策略；在"分组设置"中可以对组间客服分流和组内客服分流方式进行设置；在"客服接待设置"中可以对是否允许移动端客服接待和客服离线后消息处理机制进行设置。

图 3.10　客户分流高级设置

（4）在客服分流管理页面中点击"留言管理池"可以查看客户留言情况并进行处理。

（5）在客服分流管理页面中点击"分流自查工具"可以对客服能否收到客户消息进行自查。

3. 查看子账号聊天记录

在子账号管理页面中点击"聊天记录"，进入图 3.11 所示的页面，在其中输入员工账号或客户昵称，选择查询时间，即可查看子账号的聊天记录。

图 3.11　查看子账号的聊天记录

3.1.4 店铺体检

淘宝网为了给卖家和买家提供更好的服务环境，不断完善平台规则。如今，在淘宝网上不管是购物还是开店，无论是买家还是卖家，都要遵守相应的规则。新手卖家由于不了解规则，经常会犯一些常识性的错误，很容易受到扣分、降权等处罚，严重的还会被封店。

淘宝网上涉及的违规行为分为严重违规行为和一般违规行为，两者分别扣分、分别累计、分别执行。卖家因出售假冒商品的严重违规行为扣分将单独累计，不与其他严重违规行为合并计分。严重违规行为是指严重破坏淘宝网经营秩序或涉嫌违反国家法律、法规的行为，包括发布违禁信息、侵犯知识产权、盗用他人账户、泄露他人信息、骗取他人财物等；一般违规行为是指除严重违规行为外的违规行为，包括滥发信息、虚假交易、延迟发货、描述不符、违背承诺、竞拍不买、恶意评价、恶意骚扰、不当注册、未依法公开或更新营业执照信息等。

📖 **小贴士**

常见违规行为及违规处理

在对会员进行违规处理期间，淘宝网对会员不同的违规情形会采取不同的处理措施，如屏蔽网店、屏蔽评论内容、评价不累计、销量不累计、删除销量信息等，情节严重者还会受到限制发布商品、限制发货、限制使用旺旺、限制登录网站、限制解冻保证金、关闭网店、公示警告、查封账户等处罚。

卖家可自检商品，若确实违规，应及时将其下架。卖家可以点击"千牛卖家中心"→"店铺"→"店铺管理"→"店铺体检"来查询店铺的违规情况，如图 3.12 所示。右侧工具箱提供了不同工具，能对店铺进行合规预检。

点击图 3.12 的"商品合规预检"右侧的"免费使用"，即可进入营商保工作平台，如图 3.13 所示。营商保工作平台提供"全店预警""风险预检""交易风险""我要投诉""账号打标""我要报备""合规学习""品质管理"等功能。其中，"风险预检"提供商品预检、商品文本预检、商品图片预检等检测功能，点击"去检测"即可对网店的商品信息是否存在违规风险进行预检。

点击图 3.12 的"直播合规预检"右侧的"免费使用"，可在直播体检页面进行直播文本预检、封面图预检、挂品预检等；点击"内容合规预检"右侧的"免费使用"，可在内容体检页面进行短视频预检、图文预检等。

图 3.12 查询网店的违规情况

图 3.13　营商保工作平台

3.1.5　商家层级与权益

卖家可以点击"千牛卖家中心"→"店铺"→"店铺管理"→"层级与权益"来查询层级与权益，如图 3.14 所示，该店铺当前层级为 Lv.2，可领权益 7 项。

（1）淘宝商家层级的划分。①淘宝商家层级从低到高为 Lv.1～Lv.8；②淘宝商家层级是根据店铺站内经营（包含成交表现、大促参与度等）、差异化货品（包含新品、特色商品等）、粉丝运营（主要指店铺的粉丝规模、粉丝运营能力和粉丝贡献度等）、营销推广（包括站内外的推广情况）等店铺维度进行评定的；③成长层级更新频次，Lv.1～Lv.5 每周三更新，Lv.6～Lv.8 每季度更新一次。

（2）淘宝商家权益。淘宝根据淘宝商家成长阶段为其提供多项经营权益，图 3.14 所示的卖家可领取的权益有 7 项，包括淘宝直播权益、推广权益、发货权益、资金权益、打单工具权益、工具权益、淘宝货源权益等。卖家点击领取权益后即可免费使用相关工具或功能。

图 3.14　查询层级与权益

3.2　商品交易管理

交易管理主要是指对交易流程的管理，当买卖双方确定进行交易时，交易管理不仅包括卖家的一系列操作，如对订单的管理、及时查看买家对交易的评价等，还包括对买家的操作指导。

3.2.1　订单管理

3.2.1.1　已卖出的宝贝管理

按"千牛卖家中心"→"交易"→"交易管理"→"已卖出的宝贝"的顺序点击，管理系统会根据交易双方的订单完成情况显示不同的交易状态。

1．等待买家付款

买家拍下某个商品之后，在付款之前，订单的交易状态会显示为"等待买家付款"。此时，卖家可以等待买家付款、修改价格或关闭交易。

（1）等待买家付款。如果交易双方对商品的价格没有异议，卖家只需等待买家付款即可。

（2）修改价格。交易双方经过协商，对新的售价或运费达成一致，卖家需要在买方支付货款前修改价格，如图 3.15 所示。

注意：使用满减、红包等优惠的订单不支持修改价格。

图 3.15　修改价格页面

（3）关闭交易。因为存在缺货或长时间联系不到买家等情况，交易无法继续完成，在"等待买家付款"的交易状态下，卖家可以关闭该交易。

2．买家已付款

买家付款后，订单的交易状态会显示为"买家已付款"，如图 3.16 所示。这时，卖家要向买家核实订单内容和收货地址，确认无误后按该地址发货。卖家点击"打单"进入图 3.17所示的打单页面，点击"编辑备注"，把需要备注的信息及时添加到该笔交易的备注中，提醒同事在发货时要特别注意，以免造成买家的不满和售后纠纷。

图 3.16　买家已付款

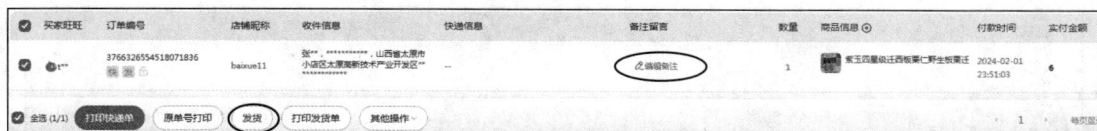

图 3.17　打单页面

3. 发货

　　点击图 3.16 所示订单后方的"发货"或点击图 3.17 中的"发货"即可进入发货页面，如图 3.18 所示。进入发货页面后，页面会显示三个步骤：第一步是"确认订单信息及收货信息"，第二步是"确认发货/退货信息"，第三步是"选择发货方式"。在此页面中，卖家可以对订单进行"备注"，点击 ✎ 可以修改买家收货信息、卖家发货/退货信息。

　　发货页面（见图 3.18）的"选择发货方式"旁有八个选项卡，分别为"自己联系物流""在线下单""菜鸟裹裹""无需物流""同城配送""商家配送""国际发货""大件快运"等。

　　（1）"自己联系物流"是指卖家有合作的物流公司时，直接填入该物流公司的物流单号即可，还可以"批量导入发货"，点击图 3.18 所示的"去导入"即可。

　　（2）"在线下单"是指卖家通过后台可以选择快递公司直接下单，后台会显示快递所需要的费用，下单成功后快递公司会与卖家联系，上门取件。

　　（3）"菜鸟裹裹"是菜鸟集团和其他物流公司联合打造的物流大数据服务处理平台，提供包裹递送服务。卖家点击"菜鸟裹裹发货"即可完成发货，如图 3.19 所示。或者按照"千牛卖家中心"→"交易"→"物流管理"→"物流工具"→"菜鸟发货"的顺序进入菜鸟发货平台，如图 3.20 所示，按要求填好相关信息后，点击"去发货"即可完成发货。

图 3.18　发货页面

图 3.19 选择"菜鸟裹裹"发货方式

图 3.20 "菜鸟发货平台"页面

（4）"无需物流"适用于虚拟商品（如点卡、游戏币等）等的配送。

（5）"同城配送"适用于买卖双方进行同城交易，包括"在线呼叫骑手""自己联系骑手"两种配送方式。"在线呼叫骑手"需要绑定"蜂鸟账号"，订购蜂鸟联盟配送服务；"自己联系骑手"需要选择物流公司、添加同城物流单号，并填写收货人手机号。

（6）"商家配送"一般适用于卖家具备自有配送能力或者买家可以自提货的情况。卖家填写配送员的姓名和联系方式，配送完成后，配送员要向买方索要"核销码"并填入系统中。

（7）"国际发货"适用于将商品发往全球各地，选择国际物流公司、添加物流单号即可完成。

（8）"大件快运"：如果大件物品的体积较小，但重量较大，快递公司将按照物品的重量计费；对于超过一定尺寸的大件物品，快递公司将按照物品的体积计算出体积重，如果货物的体积重大于其实际重量，那么快递公司通常就会按照体积重来计算运费。一般快递重量在3～30 千克时便可被称作大件快递，30 千克以上货物使用物流运送。

📖 **小贴士**

体 积 重

一般体积重是指根据货物的体积计算出来的重量。测量货物的长、宽、高来得出其体积，然后将体积转换为相应的重量。体积重的计算公式通常是：体积重（千克）=长（厘米）×宽（厘米）×高（厘米）/规定系数

规定系数是由不同的物流公司设定的或取决于运输方式，常见的有 5 000、6 000 等。例如，某物流公司的规定系数为 5 000，那么一个长 40 厘米、宽 30 厘米、高 20 厘米的货物的体积重=40×30×20/5 000=4.8 千克。

网店运营与管理（视频指导版 第 3 版）

卖家可以根据自己的实际情况选择其中一种物流服务，填写相关信息后点击"发货"，即可完成发货操作。

4. 卖家已发货

卖家选择对应的快递公司，填入该笔交易的运单号，系统会将交易状态修改为"卖家已发货"，如图 3.21 所示。只有在此状态下，买家才能确认收货，同意将货款支付给卖家。卖家此时将发货信息通过千牛的接待中心通知买家，会让买家更放心，买家也会对卖家的服务有深刻而良好的印象。这时，交易双方就可以通过"查看物流"查询物流的进度了。

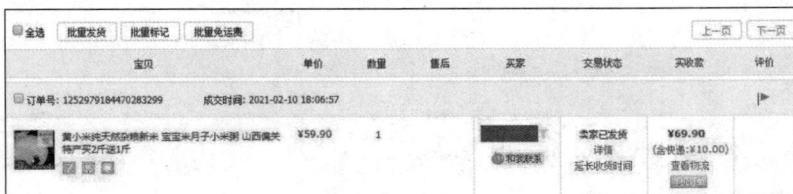

图 3.21　卖家已发货

5. 交易成功

买家收到商品以后，经核查无误可以点击"确认收货"，同意支付宝放款给卖家，订单的交易状态显示为"交易成功"则表示货款已经转到了卖家的支付宝账户里，如图 3.22 所示。卖家如果通过"用户运营"工具设置了会员优惠，赠送买家购物优惠券或礼品券，能充分表达希望买家再次光顾的诚意，给买家留下良好的印象。

图 3.22　交易成功

3.2.1.2　退款管理

按"千牛卖家中心"→"交易"→"订单管理"→"退款管理"的顺序点击，可进入退款管理页面，如图 3.23 所示，该页面有以下四个选项卡。

图 3.23　退款管理页面

1. "退款管理"

在"退款管理"中可以查看退款订单数据（见图 3.23），并且能够通过输入买家昵称、订单编号、退款运单号、售后编号等查询退款订单，也可以根据退款状态查看退款订单情况（见图 3.24）。

图 3.24　退款订单管理页面

退款类型有售中退款和售后退款。其中售中退款指的是买家下单后未收到货前向卖家申请退款的操作，一般买家申请"仅退款"后，卖家"同意退款"即可完成退款流程；售后退款则是买家收到商品后向卖家申请退款的操作，通常要经过如下流程：买家申请退货退款→卖家同意退货退款→买家寄出商品并输入运单号→卖家收到货确认没问题后同意退款。

在图 3.24 所示的退款订单管理页面，卖家可以选中多个退款订单，批量同意退货或退款；为了提升工作效率，卖家也可以设置托管，对"已付款未发货"的订单自动同意退款，如图 3.25 所示。卖家还可以将退款订单数据导出，针对商品进行分析。

图 3.25　退款托管设置

2. "自动退款工具"

自动退款工具支持商家自主策略设置，包括"未发货仅退款""已收货仅退款""退货退款"等三种自动退款状态的自主策略设置。其中"未发货仅退款"有"智能托管自动退""指定商品自动退""下班自动退"等三种工具；"已收货仅退款"有"小金额自动退"等工具；"退货退款"有"自动同意退货"等工具。使用自动退款工具需要先设置策略，点击"设置策略"进入"智能托管自动退"的设置页面，按要求设置完成后，点击"创建并生效"，如图 3.26 所示，就可以实现"智能托管自动退"功能了。

3. "价保管理"

价格保护是一种允许买家在发现所购商品价格下跌后申请差价补偿的机制。采取价格保护可以增加商品流量、促进下单转化、减少因降价引起的纠纷等，保障买家在天猫及相关营销平台的购物体验，让买家可以放心购买。

报名参加聚划算、天天特卖、百亿补贴的卖家须向买家提供价格保护服务，即买家购买带有支持价格保护服务或保价险服务标志的商品后，在价格保护期内，若同一卖家售卖的同一商品出现降价的情形，买家可申请差价补偿。

在"价保管理"页面中可以输入买家昵称、订单编号或申请时间等查询价保订单，获取相应信息。

图 3.26　自动退款工具设置（部分）

4. "售后设置"

售后设置包括退货地址设置和订单挽留设置。"退货地址设置"：如果开启商品指定退货地址，发货时不能修改退货地址；如果未开启，则以发货页面指定退货地址为准。"订单挽留设置"，可以同时开启"商品拍错挽留"和"订单收件地址错误挽留"，这样能够降低买家退款量。

3.2.2　评价管理

淘宝网规定，买卖双方应基于真实的交易进行相互评价。按"千牛卖家中心"→"交易"→"订单管理"→"评价管理"的顺序点击，可进入评价中心页面。该页面包括"数据概览""评价管理"和"问大家"等操作模块。卖家在此页面可查看店铺整体评价相关数据、买家给出的评价，并进行回评、解释以及处理异常评价等。在"问大家"中可以查看、搜索店铺提问和回答内容。

"数据概览"操作模块包含"待回复差评""待回复中评""异常评价""待卖家评价""待买家评价"，可展示店铺中需要处理的基础评价信息。左侧中间板块主要展示店铺的评价数据，统计店铺评价的数量，其中"当前信用分"统计的是评价合计分数，使用支付宝成功完成每一笔交易后，买卖双方均有权对交易的情况做出评价，累积信用分；左侧下方板块可展示店铺动态评分（即 DSR），如图 3.27 所示。

"评价管理"中的每个模块可展示具体的评价，其中"来自买家的评价""给买家的评价"展示已完成的评价，"待买家评价"和"待卖家评价"展示尚未完成的评价，如图 3.28 所示。

图 3.27 评价中心页面的"数据概览"操作模块

图 3.28 "评价管理"操作模块

3.2.2.1 评价体系

淘宝网的评价体系包括"信用评价"和"店铺动态评分"两种，天猫只有"店铺动态评分"。店铺动态评分由买家对卖家评出，包括对"描述相符""服务态度""物流服务"等方面的评分。信用评价由买卖双方互评得出，影响"信用积分"。

1. 信用评价

淘宝网会员在个人交易平台使用支付宝完成每一笔交易后，买卖双方均有权对对方的交易情况做出评价，这个评价称为信用评价。淘宝网卖方信用等级如表 3.1 所示。评价分为"好评""中评""差评"等三种。买家若给予好评，则卖家信用积分增加 1 分；买家若给予差评，则卖家信用积分减少 1 分；买家若给予中评，则卖家信用积分不变。

表 3.1　卖方信用等级

积分	信用等级标志	积分	信用等级标志
1 星：4～10	❤	1 皇冠：10 001～20 000	♕
2 星：11～40	❤❤	2 皇冠：20 001～50 000	♕♕
3 星：41～90	❤❤❤	3 皇冠：50 001～100 000	♕♕♕
4 星：91～150	❤❤❤❤	4 皇冠：100 001～200 000	♕♕♕♕
5 星：151～250	❤❤❤❤❤	5 皇冠：200 001～500 000	♕♕♕♕♕
1 钻：251～500	♦	1 金冠：500 001～1 000 000	♕
2 钻：501～1 000	♦♦	2 金冠：1 000 001～2 000 000	♕♕
3 钻：1 001～2 000	♦♦♦	3 金冠：2 000 001～5 000 000	♕♕♕
4 钻：2 001～5 000	♦♦♦♦	4 金冠：5 000 001～10 000 000	♕♕♕♕
5 钻：5 001～10 000	♦♦♦♦♦	5 金冠：10 000 001 以上	♕♕♕♕♕

若 14 天内相同买家、卖家就同一笔交易进行评价，多个好评只加 1 分，多个差评只减 1 分。每个自然月中，相同买家和卖家之间的评价计分不得超过 6 分，超出计分规则范围的评价将不计分。自交易成功之日起 180 天（含）内，买家可在进行信用评价后追加评论，内容不得修改，也不影响卖家信用积分。被评价人可在评价人做出评价或追评之时起 30 天内做出解释。评价人在做出中、差评后 30 天内，可以对评价进行修改或删除。评价只能修改一次，且只能修改中评和差评。

2. 店铺动态评分

店铺动态评分也称卖家服务评级（Detailed Seller Ratings，DSR），是淘宝网、天猫的一种动态评分系统，只有使用支付宝并且交易成功才能进行店铺动态评分，见图 3.29。在淘宝网交易成功后的 15 天内，买家可以对本次交易的"描述相符""服务态度""物流服务"进行评分，均是五星制打分。每项评分的取值为：连续 6 个月内买家给予该项评分的总和÷连续 6 个月内买家给予该项评分的次数。

每个自然月，对于相同买家、卖家之间的交易，店铺动态评分仅计取前 3 次（计取时间以交易成功时间为准）的评分。店铺动态评分仅能由买家在交易成功后 15 天内进行主评时打分。若买家没有进行主评，即使后续系统产生默认好评，该好评也不会计入店铺动态评分。

图 3.29　店铺动态评分

3.2.2.2　评价解释

买家做出评价后 30 天内且评价处于生效状态（若是中、差评则在评价后 48 小时生效），卖家可以对买家评价内容进行解释说明，以帮助其他买家做出判断。卖家对主评和追评各有一次解释机会，但在主评和追评均已产生的情况下，则只能对追评进行解释，而无法对主评进行解释。目前，评价解释仅支持使用文字，无法上传图片或视频。评价解释一旦做出，就无法被单独修改或删除，但若评价本身被删除，则评价解释不再展示。

卖家按"千牛卖家中心"→"交易"→"交易管理"→"评价管理"的顺序点击，可以查看"来自买家的评价"，并对收到的评价进行解释。

3.2.2.3　修改评价

有时买卖双方会因为一些误会和争议给出负面的评价，如果经过沟通和协商，达成一致，买家或卖家愿意将中、差评修改为好评，则可以不用求助于淘宝网客服，自己就能轻松地修改评价。

卖家如果需要修改给买家的评价，按"千牛卖家中心"→"交易"→"订单管理"→"评价管理"的顺序点击，在"来自买家的评价"中可以看到买家给自己的评价，在"给买家的评价"中可以看到自己给买家的评价，找到需要修改的评价，点击其后面的"修改评价"，就能将中、差评改为好评。

除了修改自己给出的中、差评，卖家也可以按照这个操作流程指导买家修改中、差评，使网店保持较好的评价。

📖 **小贴士**

卖家处理中、差评的技巧

商品评价对中小卖家来说是至关重要的，很多买家在进行网络购物时，进入商品页后，第一眼关注的往往就是评价，尤其是中、差评，如果中、差评所呈现的情况里有买家不能接受的地方，卖家也没将其解释清楚，这时买家很可能就会直接退出页面。有关卖家处理中、差评的技巧，读者可扫描二维码进一步学习。

3.2.3　投诉与申诉管理

3.2.3.1　"我要投诉"管理

卖家在网店运营过程中，可能会遇到多种恶意行为，为了保障卖家的权益，平台提供了"我要投诉"通道。卖家可按"千牛卖家中心"→"交易"→"投诉与申诉"的顺序点击，选择投诉类型后，点击"我要投诉"，如图 3.30 所示。

图 3.30　"我要投诉"页面

一般卖家投诉类型包括异常订单、异常投诉、异常评价、异常客服咨询、异常退款等几种情况，下面简要介绍异常订单和异常评价。

1. 异常订单

（1）异常无法发货。如订单中买家填写的收货信息异常，导致卖家无法发货；买家不以购买为目的，因与卖家产生纠纷后，滥用会员权利报复性下单，产生拍后退款、投诉等行为；买家不以正常购买为目的，包括但不限于批量发起规则投诉、批量差评等。

（2）骗包邮/佣金。骗包邮是指买家为了减免运费，将实际不包邮地区地址填写为包邮地区地址，如"陕西省西安市新疆天山区和平街道××号"；骗佣金是指买家购买商品后，未收到货即确认收货，在淘客佣金到账后申请退货退款。

（3）骗货骗退款。骗货骗退款行为包括填写虚假退货物流信息，退货空包、少件、调包，不退货仅退款等。

（4）骗保险理赔。骗保险理赔行为包括通过虚假物流信息骗运费险、利用假图骗取生鲜腐烂险/过敏险等。

2. 异常评价

异常评价一般有以下几类。①广告评价。广告评价是指以发广告为目的，带有联系方式、其他店铺名称或站外链接等的评价。②虚假评价。虚假评价是指买家未收到货就评价商品、评价使用的是网络图、评价的是非当前商品等行为。③凑字评价。凑字评价是指评价中没有任何针对商品、服务、物流的内容，或者是以标点符号凑数。④侵权评价。侵权评价包括辱骂的评价、泄露隐私的评价或盗用别人评价信息的行为。

除上述行为外，遇到其他恶意行为，如同行恶意拍后退款、同行恶意差评、职业投诉人进行威胁或异常索赔等，都可以通过"我要投诉"进行投诉。投诉时需要填写投诉说明和上传举证材料，举证材料包括与买家的聊天记录或其他辅助凭证。

3.2.3.2 "我被投诉"管理

当买家遇到快递破损、卖家欺诈、虚假交易等严重损害自身合法权益的情形，或者卖家存在涉嫌违法行为时，买家可以对卖家进行投诉。卖家可按"千牛卖家中心"→"交易"→"投诉与申诉"→"我被投诉"的顺序查看投诉记录。"我被投诉"管理包括违约投诉管理和物流投诉管理两种方式，图3.31（a）、（b）所示分别为违约投诉记录、物流投诉记录。

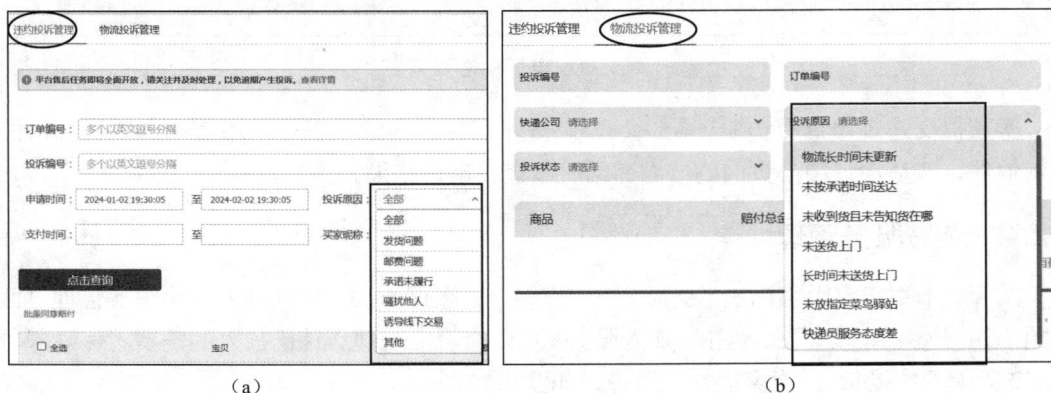

（a）　　　　　　　　　　　　　　（b）

图3.31　查看投诉记录

淘宝卖家违约被投诉的原因主要包括发货问题、邮费问题、承诺未履行、骚扰他人、诱导线下交易及其他违约行为。

淘宝卖家物流被投诉的原因主要包括物流长时间未更新、未按承诺时间送达、未收到货且未告知货在哪、未送货上门、长时间未送货上门、未放指定菜鸟驿站、快递员服务态度差等。

淘宝卖家收到买家投诉时，应当主动联系对方，争取谅解，在投诉最终被判定成立前买家可以通过电脑端"我的淘宝"→"退款维权"→"投诉管理"撤销该投诉，投诉成立后买家将无法撤销对卖家的投诉。

3.2.3.3 申诉管理

如果有人对网店交易进行投诉或者举报网店侵权、违规，淘宝网就会将纠纷处理进程及时通知双方。如对处理结果有异议需要申诉，卖家就应赶紧收集相关证据，及时进行申诉。

卖家可自因违规被处理之时起总计3～30天的时间（淘宝网审核时间除外）内，通过线上违规申诉入口提交违规申诉申请。申诉的类型包括被出售假冒商品处罚申诉、被投诉侵犯知识产权申诉、被虚假交易处罚申诉、被投诉盗用他人图片申诉、涉嫌出售不合格商品处罚申诉、商品被降权申诉、未按约定时间发货申诉等。

图 3.32　查看违规行为是否可申诉

若卖家的淘宝账户因违规被扣分，卖家可按"千牛卖家中心"→"店铺"→"店铺管理"→"店铺体检"→"违规处理"→"全部违规"→"待处理违规"的顺序找到违规记录，查看违规详情，了解这些违规处罚是否可以申诉，如图3.32所示。如果某违规处罚可申诉，点击"我要申诉"进行申诉，或者按照"千牛卖家中心"→"交易"→"投诉与申诉"→"我要申诉"→"待申诉"的顺序进入申诉中心页面，如图3.33所示，找到对应的违规商品，按照页面要求提交申诉凭证，进行申诉。

图 3.33　申诉中心页面

卖家提交违规申诉后，淘宝小二会在3～5个工作日内给予答复，卖家应及时关注邮件或站内信件，或在申诉中心页面的"已完结"中查看申诉结果。

3.2.4　交易服务管理

按照"千牛卖家中心"→"交易"→"更多"的顺序点击，可以进入交易服务管理页面，如图3.34所示。在该页面，点击"加入服务"可以查看或管理店铺已加入的消费者保障服务，如"7天无理由退货""卖家运费险"等，如图3.35所示。

图 3.34 交易服务管理页面

图 3.35 "加入服务"页面

1. "7 天无理由退货"

"7 天无理由退货"服务是全网通用服务,部分类目可自由选择性加入,在商品发布页面勾选即可。退出"7 天无理由退货"服务可以在商品发布页面口的"售后服务"里取消勾选,如图 3.36 所示。

部分类目属于强制加入类目,相关选项为默认勾选且无法取消（方框已勾选并呈灰色,表示不能更改）,如图 3.37 所示。

2. "卖家运费险"

"卖家运费险"是指在买卖双方发起退货请求时,保险公司对由于退货产生的单程运费提供保险的服务,当退货退款成功后,保险公司会直接将理赔金额划拨至买家支付宝账户。该项服务能够提升买家体验,打消买家顾虑,促进买家下单。

卖家可以通过点击图 3.35 所示页面中的"卖家运费险",进入"商家保障中心"页面,如图 3.38 所示,找到"退货运费险",然后点击"投保"即可。卖家投保"退货运费险"后,每成交一单会交纳一定的保费。

| 图 3.36 选择支持 7 天无理由退货服务 | 图 3.37 强制加入 7 天无理由退货服务 |

图 3.38 "商家保障中心"页面

本章小结

淘宝网店开通之后，网店名称、店标等信息都处于默认状态，需要卖家进一步设置。网店基本信息设置好之后，发布商品之前，卖家需要对商品进行合理分类，以便更好地对商品进行管理。同时，卖家还可以使用主账号创建员工子账号并授权，这样，网店员工就可以用子账号接待买家或登录千牛卖家中心帮助管理网店。

除此之外，网店的交易管理也是一项非常重要的工作。在买家拍下商品之后，卖家还要进行修改价格、发货、给买家评价等操作。卖家在运营网店过程中，可能会遇到一些恶意行为，为了保障卖家的权益，平台提供了"我要投诉"通道。如果有人对网店进行恶意投诉或违规举报，卖家应及时申诉。交易服务管理在网店管理中占有非常重要的地位，如为了避免退货纠纷，卖家可以投保"退货运费险"，提升买家售后体验。

课后习题

一、名词解释

子账号　评价解释　信用评价　DSR

二、单项选择题

1．买卖双方在订单交易成功后（　　　　）天内可以进行评价。

A．9   B．15   C．10   D．30

2．交易结束后，一方做出了好评，如果在有效评价期内另一方未做出好评，则（   ）。

    A．系统默认为中评   B．系统不做出任何评价

    C．系统将取消这次交易的所有评价   D．系统默认为好评

3．买家给的中、差评在（   ）内可以修改。

    A．15 天   B．30 天   C．3 个月   D．不限时间

4．（   ）不属于店铺动态评分指标。

    A．描述相符   B．服务态度   C．物流服务   D．响应速度

5．每个自然月，相同买家、卖家之间的交易，卖家店铺动态评分仅计取前（   ）次。

    A．1   B．2   C．3   D．4

6．（   ）的行为不属于严重违规。

    A．骗取他人财物   B．泄露他人隐私   C．盗用他人账户   D．竞拍不买

三、判断题

1．淘宝网赠送卖家的子账号数量是固定的，网站员工可利用子账号登录旺旺接待客户，也可登录千牛卖家中心管理网店。   （   ）

2．违规行为根据严重程度分为两种，分别是一般违规行为及严重违规行为。   （   ）

3．虚假交易不属于淘宝违规行为。   （   ）

4．在买家签收之前，货物丢失或者损毁的风险由卖家承担。   （   ）

5．买家给卖家中评或差评后，卖家只能联系淘宝网客服修改或删除评价。   （   ）

四、简答题

1．提升店铺动态评分的策略有哪些？

2．简述创建子账号的步骤。

3．淘宝网规定哪些行为属于一般违规行为？哪些行为属于严重违规行为？

4．异常评价包括哪些情况？

📘 **实训任务**

实训任务一：店铺的基本设置

1．进入网店的基本设置页面，挑选一张大小在 80KB 以内，尺寸为 80 像素×80 像素，文件格式为 JPG、GIF、JPGE 或 PNG 的图片，作为店标。

2．在"店铺名称"文本框中填入店铺名称，店铺名称要能够准确表达店铺的经营内容，可以使用一些与品牌、评价、促销、特色有关的关键词。

3．在"联系地址"中填入卖家联系地址。

实训任务二：店铺的基本管理

1．对商品进行合理的分类，分类名称要求表达清晰、准确，让人一目了然，可以单纯用文字进行分类，也可以插入分类的图片。

2．为自己的淘宝店铺设置子账号，并进行子账号分流管理。

3．对店铺进行检测，查看是否有违规行为。

实训任务三：商品的交易管理

1．登录千牛卖家中心，点击"已卖出的宝贝"→"等待买家付款"，找到对应的订单，修改价格。

2．在买家拍下商品后又因故需取消购买时，在"已卖出的宝贝"中关闭相关交易。

3．在"已卖出的宝贝"中，选择宝贝状态为"买家已付款""等待卖家发货"的商品，进行发货。

4．自己联系物流公司（或者用菜鸟裹裹），填好发货运单号，进行发货。

📖 视野拓展

淘宝网店健康发展的因素	怎样经营淘宝网店	淘宝店铺运营（节奏、重点、思路）	《淘宝网市场管理与违规处理规范》中的违规扣分清零规定

第4章 网店图片的拍摄与处理

【知识框架】

【学习目标】

1．学会网店商品拍摄的基本技巧。
2．了解网店图片的常见格式。
3．掌握网店商品图片的基本处理方法。
4．掌握网店商品主图、商品详情描述图及海报的构成要素及制作方法。

图片的拍摄与处理是商品发布、网店装修和营销推广的基础。商品主图、详情描述图、网店招牌、轮播图片和营销推广海报等都涉及图片的拍摄与处理。有视觉冲击力的高品质图片往往能激发目标客户的购买欲望。相反，质量差的图片会使商品或网店给目标客户留下负面印象。虽然图片质量并不能完全代表商品质量，但由于网店的虚拟性，许多买家都是通过网店中的图片来直观感受商品质量的。因此，图片处理是网店运营的一个重要环节。

本章主要介绍商品拍摄的基本技巧、商品图片的美化和海报的制作方法。图片处理软件有许多，如美图秀秀、光影魔术手和 Photoshop 等，鉴于 Adobe 公司出品的 Photoshop 是专业的图像处理软件，功能强大，因此本章以 Photoshop 为例讲解图片的处理方法。

4.1 商品图片拍摄

4.1.1 拍摄器材及设施

网店商品拍摄是商业摄影的一种，属于光影技术的应用。常用的拍摄器材及设施包括相机、摄影灯、三脚架及摄影棚等。

相机是常用的拍摄器材，单反数码相机由于在图像传感器、可更换镜头、响应速度、手控功能、附件等方面具有很大的优势，因此成为网店商品拍摄的常用工具。

光线对摄影来讲至关重要，用光是摄影技术的精髓。摄影灯是室内拍摄的常用辅助器材，按功能可分为主灯、辅助灯；按位置可分为前照灯、顶灯、侧照灯、背景灯。

三脚架的主要作用是稳定相机。拍摄网店商品时，一般一次要拍摄多件商品，需要经常调整相机参数和拍摄角度，通过三脚架可以提高拍摄的稳定性和效率。

摄影棚是用于拍摄摄影作品的设施，网店摄影棚中一般有电动背景卷轴（或背景布、背景墙）、摄影台、摄影灯、柔光箱、四叶遮光板、反光伞、柔光伞、反光板等器材。

4.1.2 拍摄基本知识

1. 焦距

镜头是单反数码相机的"眼睛"，焦距表示单反数码相机镜头能清晰成像的范围，焦距为35mm 的镜头为标准镜头，这种镜头可以清晰成像的视角范围与人眼的视角范围相似，为40°~55°，标准镜头可以最大限度地还原物体。焦距小于 35mm 的镜头为广角镜头（小于 20mm 的镜头为超广角镜头），广角镜头的视角范围大于 60°，超出人眼的视角范围，广角镜头适用于拍摄宏大的场面，拍摄出来的照片具有纵深感及畸变和夸张效果。

2. 光圈

光圈是一个用来控制透过镜头进入机身投射到感光材料上的光量的装置，它通常位于镜头内。一般用 F 值表示光圈大小，光圈 F 值=镜头的焦距/镜头有效口径的直径，如 F 值为 2.8 的光圈一般用 "F/2.8" 表示。光圈可以控制镜头进光量的多少：光圈越大，进光量越多；光圈越小，进光量越少。常见的光圈值包括 F/1.4、F/2、F/2.8、F/4、F/5.6、F/8、F/11、F/16、F/22、F/32、F/44 和 F/64。大的 F 值代表开了一个小的孔洞，而小的 F 值则代表开了一个大的孔洞，即 F 值越小光圈越大，F 值越大光圈越小，如图 4.1 所示。

3. 景深

景深是指在镜头聚焦调节中，能清晰成像的最远部分和最近部分之间的距离。拍摄背景虚化的照片时，宜采用小景深；拍摄成套系列商品的照片时，宜采用大景深，以便将所有商品细节都清晰地呈现出来。景深与光圈的大小成反比，通过调整光圈的大小可以直接控制景深，光圈越大，景深越小。小景深照片和大景深照片的对比如图 4.2 所示。景深与焦距的大小成反比，焦距越大，景深越小。景深与物距的大小成正比，物距越大，景深越大。

図4.1 光圈大小与 F 值的关系

（a）小景深照片（主体突出，背景虚化）

（b）大景深照片（所有的物体都较清晰）

图4.2 小景深照片和大景深照片的对比

4. 曝光与曝光补偿

曝光是相机中的感光材料受到光线照射的过程。如果有合适的光量通过镜头投射到感光材料上，就能得到一张曝光正确的照片；如果光量过少或过多，就会使照片曝光不足或曝光过度。实际操作中常通过光圈和快门来控制曝光，常用的曝光方式有手动曝光、光圈优先、快门速度优先、程序曝光、全自动曝光等，如图4.3所示。

曝光补偿是一种曝光控制方式，就是有意识地改变相机自动计算出的曝光参数，让照片更明亮或者更灰暗的拍摄手法。拍摄者可以根据自己的想法调节照片的明暗程度，创造出独特的视觉效果。当拍摄环境过亮或者过暗时，拍出的照片就会出现曝光过度或者曝光不足的情况，这两种情况都会导致拍摄主体的细节呈现不理想，这时就需要用到曝光补偿，通过手动调节曝光补偿值来增加或减少曝光量，使拍摄主体获得合适的曝光量，让画面达到最佳的亮度和对比度。曝光补偿值一般为 ±2～3EV，如图4.4所示。如果环境过暗，可提高曝光值（如调整为+1EV、+2EV），以使画面更清晰；如果环境过亮，可降低曝光值（如调整为−1EV、−2EV），避免曝光过度，以记录拍摄主体的更多细节。

图4.3 曝光方式

图4.4 曝光补偿

5. 白平衡与感光度

物体呈现出的颜色受光源色彩的影响很大，人的大脑可以感知并更正光源引起的色彩改变，因此我们看到的白色物体都是白色的，然而不同数码相机拍出来的由不同光源产生的"白色"不尽相同，有的呈浅蓝色，有的呈黄色或红色。为了使最后拍出来的照片还原拍摄主体的色彩，即在最终的照片中使白色物体能够呈现出人类肉眼所看到的正常的白色，数码相机就必须模仿人类大脑根据光源来调整色彩，这种调整就叫作白平衡。

数码相机的感光度指感光材料对光线的敏感程度，一般用 ISO 值来表示。常用的 ISO 值有 50、100、200、400、800 和 1 000 等。感光度越低，感光材料对光线的敏感度越低，最终成像的亮度也越低；感光度越高，感光材料对光线的敏感度越高，最终成像的亮度也越高。低感光度一般在光线充足的情况下使用，高感光度一般在光线不足的情况下使用。

4.1.3　商品拍摄的关键

网店商品拍摄的关键在于取景、构图、布光和背景的选择与处理。

1．取景

要想拍出好的商品照片，取景是第一步。在按下快门之前，首先要明确拍摄的主体是什么，想要体现主体的哪些特点。

取景的要点是"取、组、舍、布"。①取。根据拍摄目的选取拍摄的主体和表现方式。②组。将主体、背景和装饰进行合理组合，做到主次分明。③舍。取景时要学会删繁就简，避免画面杂乱无章。④布。适当布局，使主体和陪体在画面中分布得当。

2．构图

构图也有基本的原理和方法，常用的构图方法有黄金分割法、三分法、对称法和疏密相间法等。

（1）黄金分割法。使用黄金分割法构图，画面整体和较大部分的比通常为 1:0.618，这一比例也称黄金比例（画面长宽比也常按黄金比例处理），如图 4.5 所示。日常生活中有很多东西都采用这个比例，如电视屏幕、杂志等。画面几何中心右侧偏上的位置是放置拍摄主体的最佳位置，以此形成视觉中心。黄金分割线可以是横向的也可以是纵向的，即画面可以为上下结构或左右结构。

图 4.5　黄金分割法构图

（2）三分法。三分法由黄金分割法引申而来，用两条横线、两条竖线把画面分为九等份，也叫九宫格法，中间四个交点成为视线的重点，也是构图时放置主体的最佳位置。这种构图方法并非要求主体同时占据画面的四个交点，在画面中，主体占据任何一个交点都可以，如图 4.6 所示。

（3）对称法。对称法是为了突出主体，在拍摄时将主体放在画面的中间，使画面左右基本均衡的构图方法，也称均分法。实际拍摄时为了防止画面显得过于呆板，往往使主体在对称之中略有偏移，如图 4.7 所示。

（4）疏密相间法。我们需要在一个画面中摆放多个物体进行拍摄时，最好将它们摆放得错落有致、疏密相间。例如，将被拍摄的水果切片适当地相连或相互交错，画面会显得更加紧凑、主次分明，如图 4.8 所示。

3．布光

光线分为自然光和人工光，具有强度、方向、色彩等属性。布光是指在室内外环境下，通过摄影灯改变光线的方向和强度，以对拍摄主体进行造型，从而达到拍摄要求。根据相机、拍摄主体与光源位置三者之间的关系，布光方式可分为顺光、逆光、侧光、前侧光、后侧光等，如图 4.9 所示。由于不同商品在结构、质地和表面纹理等方面各不相同，吸收光和反射光的能力也不同，根据不同商品表面对光线的反射情况，大致可以将其分为吸光体、反光体和透明体三种类型。针对这三种类型的商品，可以采用以下布光方式进行拍摄，从而达到较好的商品展示效果。

| 图 4.6　三分法构图 | 图 4.7　对称法构图 | 图 4.8　疏密相间法构图 |

（1）吸光体的布光方式。吸光体包括毛皮、布料、粗陶、橡胶、亚光塑料等，它们的表面通常是不光滑的，因此对光的反射比较稳定，即其固有色比较稳定、统一，而且这类商品自身的视觉层次通常也比较丰富。为了表现吸光体表面的层次和色彩，布光时以侧光、顺光、前侧光为主，如图 4.10 所示。

（2）反光体的布光方式。反光体的表面非常光滑，对光的反射能力比较强，所以拍摄反光体时一般要使其出现"黑白分明"的反差视觉效果。反光体多是一些表面光滑的金属饰品，或是没有花纹的瓷器。要想表现出反光体表面的光滑质感，要避免一个立体面中出现多个不统一的光斑或黑斑，最好的方法是采用大面积照射的光源或反光板照明，光源照射的面积越大越好，如图 4.11 所示。

图 4.9　布光方式

图 4.10　拍摄吸光体的布光方式（前侧光）

大多数情况下，反光体表面因反光产生的白色线条可能并不均匀，但必须保持线条的统一性和渐变效果。为反光体布光的关键在于对反光效果的处理，特别是一些有着弧形表面的柱状和球状物体，在拍摄中通常要使用黑色或白色卡纸来打反光，以增强物体表面的立体感。

（3）透明体的布光方式。透明体表面非常光滑，能够自由地传导光线而不改变其特性，从而具有玲珑剔透的视觉效果。透明体大多是玻璃制品。在拍摄透明体前，需要设计拍摄方案，预估拍摄效果，拍摄时根据需要对每盏灯逐个进行测试，同时不断变换灯位，最终确定能产生最佳效果的布光方式，如图 4.12 所示。

图 4.11　拍摄反光体的布光方式　　　　　图 4.12　拍摄透明体的布光方式

4. 背景的选择与处理

在商品拍摄中，背景在表现主体的线条结构，主体所处的环境、气氛、空间，画面的色调等方面有着重要的作用。由于背景的面积比较大，能够直接影响画面内容的表现，所以背景的好坏，在某种程度上决定着商品拍摄的成败。下面是选择与处理拍摄背景的技巧，在实际拍摄时要灵活运用。

（1）背景灯光的运用。在拍摄商品时，合理运用背景灯光能在一定程度上减少杂乱的灯光投影，同时也能更好地渲染和烘托主体。背景灯光的运用一般有两种形式：一种是将背景的亮度安排得很均匀，尽可能使背景中没有明暗的差异；另一种是将背景的光线效果布置成中间亮、周围逐渐暗淡，或上部暗淡、下部逐渐明亮的过渡效果。

（2）背景色的处理。背景色的设置应追求简约、清淡的视觉效果。背景色的冷暖关系、浓淡比例、明暗对比，都要以更好地突出主体为前提。黑色与白色背景在商品拍摄中使用广泛，黑白背景更能体现商品的品质，也有利于后期的图片处理。

（3）背景的虚化处理。在室外拍摄商品时，为了避免受到杂乱背景的影响，需要对背景进行虚化处理。处理的方法如下：一是采用中长焦距的镜头进行拍摄，利用这种镜头焦距长、景深小的特点，虚化背景；二是拍摄时尽量不用太小的光圈，以避免产生太大的景深；三是控制主体与背景之间的距离，以达到虚化背景的目的。

4.2　图片处理基础操作

通过相机拍摄的图片往往不能直接使用，还需要对其尺寸和颜色进行调整，甚至可以通过抠图操作更换背景。

4.2.1　调整图片的大小和方向

1. 调整图片的大小

不同相机拍摄的图片尺寸不等，但是网店用到的图片（如商品主图、商品详情描述图、轮播图片和各类活动广告图等）是有尺寸要求的。因此，在使用拍摄的图片时，应当对其大小进行调整。对图片大小进行调整时，如果结果图的宽高比例等于原图，可以用"图像大小"对话框进行调整，如果宽高比例发生变化，则需要对图片进行剪切或其他操作。

【例 4.1】将素材文件"调整图片大小素材.jpg"中宽度为 950 像素的广告图的宽度调整为 640 像素。

（1）在 Photoshop 中打开原图，如图 4.13 所示。

图 4.13 原图

（2）按"图像"→"图像大小"的顺序点击，打开"图像大小"对话框，如图 4.14 所示，可以看到原图的大小是 950 像素×300 像素，分辨率是 72 像素/英寸。

（3）将宽度设置为 640 像素，如图 4.15 所示，则高度自动调整为 202 像素，宽高比例没有发生改变，这是因为已约束宽高比例。

图 4.14 原图的大小

图 4.15 调整大小

（4）将图片另存为新文件，注意文件格式选择为 JPEG。

📖 **小贴士**

图像的像素、分辨率

由相机或其他设备拍摄的图像都是位图图像。像素是构成位图图像的基本单元，我们若把图像放大数倍，就会发现图像的连续色调其实是由许多色彩相近的小方块组成的，而这些小方块就是像素。一张图像中像素越多，其颜色也就越真实。

图像的分辨率是指图像中存储的信息量，即每英寸图像内有多少个像素点，通常以像素/英寸（Pixels per Inch，PPI）为单位。为了能够在电脑及手机等设备上正确显示，一般网络图片的分辨率可设置为 72 像素/英寸。

网店常用的图片格式

网店常用的图片格式有 JPG/JPEG、GIF、PNG 等。

JPG/JPEG 是一种较常用的有损压缩图片格式，以 JPG/JPEG 存储图片时，软件通常会进一步询问使用哪档图片品质压缩，文件大小取决于图片质量，图片质量越低，文件越小，在具体使用时要在图片质量与文件大小之间进行权衡。

GIF 是一种图片交换格式，可提供压缩功能，但只支持 256 色，支持透明背景，一般用于动态图片的存储。

PNG 综合了 JPG/JPEG 和 GIF 的优点，支持 24 位色彩，压缩不失真并支持透明背景和渐显（半透明）图片的制作。

2. 调整图片的方向

【例4.2】调整素材文件"调整图片方向素材.jpg"的方向，使商品包装盒呈现竖向平放的效果，并且将图片剪切为800像素×800像素。

（1）在Photoshop中打开原图，如图4.16所示，可以看出图中的商品包装盒是横向放置的。

（2）按"图像"→"图像旋转"→"逆时针90度"的顺序点击，如图4.17所示，旋转后的效果如图4.18所示。

（3）原图是用手机拍摄的，尺寸是3 968像素×2 967像素，需要修改尺寸才可以使用。商品主图一般可以设置为800像素×800像素，我们可以通过裁剪工具对其进行修改。点击裁剪工具，切换到裁剪工具，并在裁剪工具选项栏中将宽度和高度都设置为800像素，分辨率设置为72像素/英寸，如图4.19所示。

调整图片方向
原图

操作视频

图4.16　原图

图4.17　旋转操作

图4.18　旋转后的效果

（4）调整裁剪框至合适的大小和角度（见图4.20），然后按回车键即可完成裁剪，裁剪后的效果如图4.21所示。

（5）将图片另存为新文件。

图4.19　裁剪工具及相关设置

图4.20　调整裁剪框

图4.21　裁剪后的效果

4.2.2　美化图片

由于光线、设备等问题，拍摄好的图片有可能会出现颜色失真的情况，如图片比较暗、图像不够清晰、偏色等。虽然是实物拍摄，但效果却与实际看到的有偏差，这时就需要对图片进行美化，最大限度地还原商品的情况，通常要对色阶、曲线、亮度/对比度、色相/饱和度、锐化、模糊等进行调整。

【例 4.3】对素材文件"美化图片素材 1.jpg"进行亮度调整和背景虚化。

（1）在 Photoshop 中打开商品原图，如图 4.22 所示，发现这张图偏暗，背景杂乱。我们可以调整其亮度，并将背景进行虚化处理。

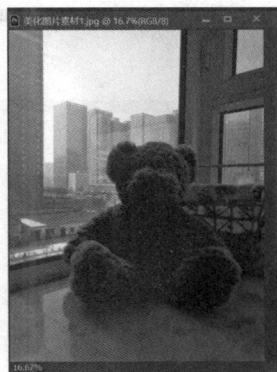

图 4.22　原图

（2）按 Ctrl+J 组合键，复制当前图层。按"图像"→"调整"→"曲线"的顺序点击，打开"曲线"对话框，在曲线上点击添加控制点并向上拖动，可以看到图片亮度提高，点击"确定"完成。调整亮度操作，如图 4.23 所示。

美化图片-亮度调整和背景虚化
原图　　操作视频

（3）选择磁性套索工具，将羽化值设为"10 像素"，利用该工具圈选图片中的小熊，然后按"选择"→"反选"的顺序点击，进行反选，如图 4.24 所示。

图 4.23　调整亮度

图 4.24　圈选小熊并反选

（4）按"滤镜"→"模糊"→"镜头模糊"的顺序点击，如图 4.25 所示，在打开的"镜头模糊"对话框中，将半径调大，如图 4.26 所示，然后点击"确定"。

（5）按"选择"→"取消选择"的顺序点击，取消选区，此时背景虚化，小熊更加突出，最后将图片另存为新文件。

【例 4.4】校正素材文件"美化图片素材 2.jpg"的颜色，并调整该图的亮度和清晰度，然后修复该图右侧的瑕疵。

美化图片-校正颜色等
原图　　操作视频

（1）在 Photoshop 中打开原图，如图 4.27 所示，可以看到图片颜色偏黄、商品边缘不够清晰，且图片右侧有一些瑕疵。

（2）调整亮度/对比度。按"图像"→"调整"→"亮度/对比度"的顺序点击，打开图 4.28

所示的对话框，将亮度和对比度下面的滑块都向右滑动，提高图片的亮度和对比度，完成后点击"确定"。

图 4.25　镜头模糊滤镜

图 4.26　调整半径

图 4.27　原图

图 4.28　调整亮度和对比度

（3）调整清晰度。按"滤镜"→"锐化"→"USM 锐化"的顺序点击，如图 4.29 所示。在图 4.30 所示的对话框中对半径和数量进行调整，然后点击"确定"，从而提高图像边缘的对比度，使图片变得清晰。

（4）颜色校正。打开"曲线"对话框，选择蓝色通道，向上拖动曲线，如图 4.31 所示，这样就给图片增加了蓝色。由于蓝色与黄色是互补色，所以该操作相当于削减了图片的黄色。调整后如果图片有点偏红，可以将红色通道的曲线稍微向下拖动以削减图片中的红色。

（5）瑕疵修复。图片中如果有多余的杂物，可以用修补工具、仿制图章工具或内容识别填充等进行修复。

图 4.29　通过锐化调整清晰度

图 4.30　设置锐化滤镜相关属性值

本例用修补工具 ⬚ 圈选瑕疵部分，如图 4.32 所示，将选区拖动至上方没有瑕疵的区域，完成修复，效果如图 4.33 所示。然后按 Ctrl+D 组合键撤销选区。

（6）保存修改好的图片。

图 4.31　偏色调整

图 4.32　使用修补工具圈选瑕疵

图 4.33　效果图

4.2.3　抠图

　　在制作图片时，经常需要将商品图案从原图中单独抠出，以进行更换背景、合成图像等操作。抠图的方法有很多，如使用基本选取工具抠图、使用钢笔工具抠图、使用通道抠图等，卖家可根据图片的具体情况选择合适的方法。

1.　选取图像

　　【例 4.5】将素材文件"抠图素材 1.jpg"的背景换成白色背景。

　　（1）在 Photoshop 中打开"抠图素材 1.jpg"，使用多边形套索工具 🔽 选取其中的商品包装盒图案，如图 4.34 所示。

（2）按 Ctrl+J 组合键，将选中的区域复制到新的图层，图 4.35 中的"图层 1"为复制的图层。

（3）选中"图层 0"，设置当前背景色为"白色"，按 Ctrl+Delete 组合键填充背景色，效果如图 4.36 所示。

图 4.34　原图　　　　　　　　　　　图 4.35　复制的图层

图 4.36　将图层 0 的背景色设置为白色

（4）将背景色换成白色后，保存图片。

📖 **小贴士**

颜色的填充

　　颜色填充有两个快捷键，按 Ctrl+Delete 组合键填充的是背景色，按 Alt+Delete 组合键填充的是前景色。这两个快捷键对于形状图层、像素图层、文字图层都有效。

　　可以按 X 键互换前景色、背景色，也可以按 D 键将前景色和背景色设置成常用的颜色。

---

2. 调整选区边缘

【例 4.6】利用快速选择工具和磁性套索工具对边缘分界比较明显的图片"抠图素材 2.jpg"进行抠图操作。

（1）在 Photoshop 中打开素材文件"抠图素材 2.jpg"，如图 4.37 所示。选择快速选择工具 🖌，在商品图案上点按或拖动创建选区，如图 4.38 所示。

（2）按住 Alt 键将选区运算变为减去选区，同时用磁性套索工具或快速选择工具将多余的选区减去，如图 4.39 所示。

（3）点击图 4.39 所示选项栏中的 选择并遮住... ，将"视图"设为白底图，这里可以发现抠图的边缘有几处不平滑，如图 4.40 所示。

（4）选择调整边缘画笔工具，将半径值调到 3，如图 4.41 所示。系统会自动在半径区域内检测并调整选区边缘，可以发现原本边缘不平滑的区域已经得到改善；对于选取不够完整的区域，可以利用左侧的调整边缘画笔工具进行涂抹，系统会自动在半径范围内调整选区边缘。调整完毕后点击"确定"。

图 4.37　原图

图 4.38　创建选区

图 4.39　将多余的选区去掉

调整边缘画笔工具

白底图

抠图的边缘不平滑

抠图不全

图 4.40　对选区边缘进行调整

图 4.41　调整边缘相关属性

（5）按 Ctrl+J 组合键将选区复制到新图层，隐藏背景图层，然后将商品图片格式存储为 PNG。

4.3　制作商品展示图片

网店中的图片主要包括商品主图、商品详情描述图等。

4.3.1　制作商品主图

商品主图可以将商品的外观、细节及卖点等以图片的形式呈现给买家。发布商品时，可以上传五张商品主图，其中，第五张要求是商品正面图，系统会自动将其转变为白底图。由于第一张商品主图将呈现在商品搜索页面，该主图应尽量将商品的卖点及促销信息充分展示，以吸引买家点击，我们也称其为营销型主图。本小节将重点介绍第一张商品主图的制作。

1. 商品主图的制作要求

商品主图一般由商品图、文字及背景构成。在制作商品主图时，要注意以下几点。

（1）商品主图比例可以是 1:1 或者 3:4，格式为 JPG、BMP、GIF、PNG 或者 JPEG。1:1 的主图要求大于 700 像素×700 像素，一般制作为 800 像素×800 像素；3:4 的主图一般宽度为 750 像素，高度为 1 000 像素。

（2）商品主图的核心是商品，商品主图应为实物拍摄图。商品主图一定要清晰显眼，其中商品的面积占比至少应为 30%。

（3）商品主图可以添加 Logo（公司或品牌标识）、促销文字等元素，这些元素的布局和色彩搭配是非常重要的。Logo 一般放置在商品主图的左上角。商品的卖点可以通过文字或者特效来体现，文字要简洁明确。

2. 商品主图的排版方式

在制作商品主图时，为了使商品清晰、卖点突出，一定要选择合适的排版方式，合理安排商品图和文案。商品主图的排版方式主要有以下四种。

（1）上下结构，这种排版方式最为常见。该排版方式通常是中央放置商品，上方或下方放置文案，如图 4.42（a）所示。

（2）左右结构，适用于竖版商品图。该排版方式通常是左文右图或者左图右文，如图 4.42（b）所示。制作左右结构的图片时须注意文案的层次要清晰。

（3）对角线结构，适用于细长型的商品，如雨伞、钢笔等，如图 4.42（c）所示。

（4）环绕结构，是将商品放在画面的中心，文案围绕商品展示，通常适用于文案较多的情况，如图 4.42（d）所示。

（a）上下结构　　　　　（b）左右结构　　　　　（c）对角线结构　　　　　（d）环绕结构

图 4.42　主图排版方式

在实际应用中，除了上述四种基本排版方式外，也可以根据商品主图拍摄的具体情况调整排版方式，或者将其中几种方式混合使用。

【例4.7】利用给定的素材图"商品主图素材.jpg"，添加商品卖点及促销信息，制作商品主图。

（1）在 Photoshop 中新建一张尺寸为 800 像素×800 像素、分辨率为 "72 像素/英寸"、颜色模式为 "RGB" 的图片。

（2）将商品素材图"商品主图素材.jpg"置入，并调整其大小和位置，使其居中，如图4.43所示。

（3）对商品图进行亮度调整和锐化处理，使得红豆颗粒饱满的特征更加突出。

（4）选择矩形工具，设置填充色为 "672028"，绘制尺寸为 800 像素×150 像素的矩形；输入商品卖点"偏关特产 颗粒饱满 皮薄易煮"，设置字体为"黑体"，字号为 "36 像素"，如图4.44所示。

制作商品主图
操作视频

图4.43 置入商品图并调整大小和位置

图4.44 添加矩形和文字

（5）选择椭圆工具，设置填充色为 "e7bf8b"，绘制直径为 300 像素的圆形并移动到画布左下方，使其显示为扇形。利用文字工具输入"促销价¥8.8"，将文字放置在扇形中，并调整各图层位置，如图4.45所示。

（6）选择圆角矩形工具，设置填充色为 "d1c7bb"，绘制宽度为 400 像素、高度为 50 像素、半径为 25 像素的圆角矩形。利用文字工具输入"红小豆500g/袋 真空装"，将文字放置到圆角矩形中，并调整各图层位置，如图4.46所示。

图4.45 添加扇形和商品价格

图4.46 添加圆角矩形和商品规格

（7）保存图片。

4.3.2　制作商品详情描述图

当买家搜索并点击商品时，就会进入商品的详情描述页面。详情描述图用于向买家介绍商品的详细信息，包括促销活动、商品的展示图、参数说明、售后服务等。卖家制作详情描述图时需要从运营和美工两个角度分析问题，既要思考如何清楚地向买家展示商品和店铺的优势，又要考虑如何把页面设计得美观。

商品类型不同，其详情描述图的内容也不一样。卖家要了解商品的特性和卖点，根据买家的心理需求，制作商品详情描述图，促进商品的销售。

一般来说，商品详情描述图应当包含以下内容：①商品基本信息，包括商品的品牌、名称、规格、成分及含量等；②商品实拍，展示商品的实际效果，如果商品是服装，商品实拍图可以是模特图、各种角度和各种颜色的商品效果图等；③细节展示，展示商品各部位细节，如服装，可以展示面料、领口、袖口、图案、纽扣等细节；④服务，展示商品售后说明及服务内容。

【例 4.8】为儿童内衣制作详情模板，包括商品基本信息、商品实拍、细节展示等。

（1）在 Photoshop 中新建一张尺寸为 750 像素×1 000 像素、分辨率为"72 像素/英寸"的图片，将背景色设为"f2ebe5"。

（2）新建圆角矩形，作为标题背景框，其宽度为"400 像素"，高度为"60 像素"，圆角半径为"29 像素"，填充色为"997138"。并用文字工具输入文字"产品信息|PRODUCT INFORMATION"，汉字字体用"微软雅黑"，字号为"32 像素"，英文字体用"Times New Roman"，字号为"18 像素"，文字颜色为"白色"，将文字在圆角矩形内居中对齐，如图 4.47 所示。

（3）用圆角矩形工具绘制圆角矩形区域，其填充色为"白色"，宽度为"700 像素"，高度为"450 像素"，用于展示商品基本信息，如图 4.48 所示。

图 4.47　制作标题　　　　　　　　　　图 4.48　制作商品信息区域背景

（4）将商品图片素材文件"详情模板（1）.png"置入，放在圆角矩形内左侧，如图 4.49 所示。

（5）在商品图片右侧利用矩形工具创建矩形，填充色为"黑色"，不要描边。新建文字图层，输入文字"基本信息"，字体为"微软雅黑"，字号为"16 像素"。然后，利用文字工具输入"商品品牌""商品名称""商品货号""商品颜色""商品面料"等信息，字体为"微软雅黑"，字号为"16 像素"，颜色为"754a14"，如图 4.50 所示。

（6）选中基本信息涉及的图层，按 Ctrl+G 组合键将这些图层合并成一个组，命名为"基本信息"。选中"基本信息"组，按 Ctrl+J 组合键复制该图层组，将复制好的图层组名改为"相关指数"，并将该组整体向下移动。然后修改"相关指数"图层组中的文字，将"基本信息"改为"相关指数"，"商品名称""商品货号"分别改为"厚度指数""柔软指数""弹力指数"，并将多余的"商品颜色""商品面料"等图层删掉，如图 4.51 所示。

图 4.49　置入商品图片

图 4.50　输入商品基本信息

（7）利用直线工具绘制一条直线，粗细为"2 像素"，颜色为"a97e45"，再复制两条直线，对这三条直线进行排列。在线条下面分别新建文字图层，输入厚度、柔软度、弹力各项指数，字体为"微软雅黑"，字号为"12 像素"。使用多边形工具绘制三角形图标，宽度为"14像素"，高度为"12 像素"。将该三角形图标复制两个，然后将三个三角形图标移动到合适的位置，如图 4.52 所示。

图 4.51　输入相关指数文字信息

图 4.52　绘制横线及三角形图标

（8）选中产品信息涉及的图层，按 Ctrl+G 组合键将其合并成组，命名为"产品信息"。这样，关于产品信息的模块就制作完成了。

（9）使用同样的方法制作"商品实拍"和"细节展示"等模块，此处不再赘述，具体操作步骤和效果图可扫描"制作详情模板 操作视频"二维码查看。

制作详情模板
操作视频

当商品详情模板制作完成后，每件商品的详情描述图都可以在此模板上进行编辑，一般只需替换相应的商品图片和文案即可。

需要注意的是，由于电脑屏幕较大，详情描述图可以传递的信息较多，而手机端屏幕较小，在制作手机端商品详情描述图时要将颜色设置得鲜艳些、字号设置得大些，并且文字要尽量少，以突出商品主体。

4.4　制作海报

淘宝网店首页海报是网店风格和形象的一个展示窗口，也是店内营销活动的有效宣传媒介。网店海报做得好，可让买家驻足，并继续关注网店。

4.4.1　海报制作要求

一般来说，海报由三大要素构成，分别是商品、背景和文案。一张优秀的海报，应当做到商品突出、信息明确和画面美观。

1．商品突出

商品图是整张海报的核心，是最能吸引买家眼球和引导买家购买商品的要素。商品图包括商品主体图及配件图，也可以是模特展示图或明星代言图。选用商品图的时候，要注意商品的清晰度和拍摄角度，商品图要尽可能全面地展示商品。如果商品图通过抠图产生，则一定要保证抠图质量，通常可以利用选取工具和边缘调整相结合的方式进行抠图。对于边缘要求清晰的商品图，可以通过钢笔工具和路径工具进行抠图。

2．信息明确

无论是商品海报还是活动海报，文案是传达信息最有效的要素之一。为了使信息能够快速准确地传达，文案内容要简洁明了、重点突出；文案排版要整齐统一，通常采用左对齐、居中对齐或右对齐等方式；文案内容较多时，可以对文案进行分组，运用字体大小对比、颜色对比及添加形状背景等方式突出重要的信息。

3．画面美观

要想使海报画面美观，就要考虑海报的排版和色彩搭配。

（1）网店海报的版式有横版和竖版，一般横版海报可用于电脑端和手机端的网店，常见的排版方式是左右结构和中轴结构，如图 4.53 所示；而竖版海报多用于手机端网店，以上下结构和中轴结构的排版方式为主，如图 4.54 所示。

（a）左右结构　　　　　　　　　　　（b）中轴结构

图 4.53　横版海报的排版方式

（2）制作海报时，还应当注重色彩的搭配。色彩搭配有两个目的，一是使画面协调，视觉效果好；二是通过色彩对比突出画面的焦点，吸引买家关注。

4.4.2 海报制作技巧

1. 利用文字和图形对画面进行装饰

在制作海报时，如果画面比较单调，可以利用文字或图形来充实画面。文字不仅仅是传达信息的工具，也经常被用于装饰画面，比如降低文字透明度并将其作为背景、采用花式字体作为装饰元素等。

图形在设计电商海报时也经常会用到，对某一图形进行重复排布或旋转后，可以将其作为海报的背景图案，使画面丰富多彩；也可以将某一图形进行大小变化、色彩变化、角度变化后作为画面的装饰元素，增添画面的场景感。

图 4.54　竖版海报的上下结构排版方式

2. 利用形状分割背景

为了使海报画面整洁美观，可以采用画面分割的方式将文案与商品进行分割，以突出海报重点。分割的方法通常有矩形分割、椭圆形分割及多边形分割等，如图 4.55 所示。

（a）矩形分割

（b）椭圆形分割

图 4.55　利用形状分割背景的方式

【例 4.9】利用给定的商品图片，制作一张儿童内衣广告图。

（1）在 Photoshop 中新建一个文件，宽度为"1 920 像素"，高度为"500 像素"，分辨率为"72 像素/英寸"，颜色模式为"RGB"。

（2）将背景色设置为"fcede3"。

（3）利用文字工具输入"SOFT AND COMFORTABLE"，字体为"微软雅黑"，样式为"bold"，字号为"230 像素"，图层透明度为"40%"，颜色为"白色"，如图 4.56 所示。

图 4.56　制作图片背景

（4）将给定的商品图片素材文件"广告素材（1）.png""广告素材（2）.png""广告素材（3）.png"分别置入，调整大小，并将其对齐，如图 4.57 所示。

图 4.57　置入并调整商品图片

（5）输入文字"精梳棉"，字体为"华文细黑"，字号为"80 像素"，颜色为"efb209"；输入文字"儿童内衣套装"，字体为"华文细黑"，字号为"60 像素"，颜色为"104474"；输入文字"亲肤舒适/细腻做工/安全健康"，字体为"华文细黑"，字号为"40像素"，颜色为"65a1da"；输入文字"点击查看>>"，字体为"微软雅黑"，字号为"32 像素"，颜色为"d72020"，如图 4.58 所示。

图 4.58　输入文字信息

（6）在"亲肤舒适/细腻做工/安全健康"下面绘制一条直线，颜色为"8dbddf"；将"点击查看>>"的颜色调整为"白色"，并绘制圆角矩形作为其背景，将圆角矩形的颜色设为"c5452b"。之后将文字左对齐，如图 4.59 所示。

图 4.59　美化文字

（7）将图片分别保存为 PSD 格式和 JPG 格式。

本章小结

网店图片的品质会直接影响买家对网店的印象，因此卖家必须重视图片的拍摄与处理。本章主要介绍了图片拍摄、图片处理基础操作，以及商品主图、商品详情描述图和海报的制作要求和方法。

商品图片的处理通常会涉及修改尺寸、调整色彩、添加文字、抠图、修复图片瑕疵及更换背景等操作。

商品图片的制作包括商品主图、商品详情描述图、海报的制作等内容。

本章是基于 Photoshop 进行操作的，为了提高图片处理效率，多处采用快捷键进行操作，初学者也可以通过鼠标选取菜单命令进行操作，以后再熟练掌握快捷键的使用。

课后习题

一、名词解释

焦距　光圈　景深　白平衡　感光度　曝光　像素　图像分辨率　营销型主图

二、单项选择题

1．下列说法正确的是（　　　）。

    A．PSD 格式文件不是图片文件　　　　　　B．JPG 格式文件是压缩图片文件

    C．PNG 格式文件可以是动画　　　　　　　D．GIF 格式文件可以是半透明图片

2．用 Photoshop 编辑一个图片文件，当用文字工具添加文字图层后，再分别保存为下列文件名后仍存在文字图层的文件是（　　　）。

    A．1.bmp　　　　　　B．1.gif　　　　　　C．1.jpg　　　　　　D．1.psd

3．在淘宝网上传商品图片时，下列图片格式中，（　　　）格式的图片是不能上传的。

    A．JPG　　　　　　B．PNG　　　　　　C．GIF　　　　　　D．BMP

4．在制作商品图片时，如果图片有点歪斜，要想将其调正，以下操作可行的是（　　　）。

    A．调整画布大小　　　　　　　　　　B．裁剪

    C．调整图像大小　　　　　　　　　　D．调整亮度/对比度

5．将一个 PNG 格式的图片文件转换成 JPG 格式之后，可能会发生的情况为（　　　）。

    A．图片更亮

    B．文件容量变大

    C．图片中的半透明像素变成不透明像素

    D．图片中的半透明像素变成完全透明像素

6．在利用自由变换工具改变图层中某一对象的大小时，要想等比例缩小对象，在拖动对角的调整权柄的同时，须按住（　　　）。

    A．Shift 键　　　　B．Tab 键　　　　　C．Alt 键　　　　　D．Ctrl 键

7．对于图片大小的修改，以下说法正确的是（　　　）。

    A．图片的像素只建议改小，不建议改大，因为改大会导致图片模糊

    B．将图片的尺寸改大或改小，不影响其效果

    C．只建议将小图改成大图，不建议将大图改成小图

    D．只能剪切，不能改大小

8．要想整体缩小商品图片的尺寸，可以使用 Photoshop 的（　　　）操作。

    A．抠图　　　　　B．缩放　　　　　　C．旋转　　　　　　D．图像大小调整

9．当我们发现拍摄出来的图片灰暗、曝光不足，想通过后期处理改变这一情况时，可以选择的操作方式是（　　　）。

    A．调整→色彩平衡　　　　　　　　　B．调整→亮度/对比度

C．图像→颜色模式　　　　　　　　　　D．饱和度

10．商品详情页主图在（　　　　）的尺寸下可以自动启用放大镜功能。

　　A．210 像素×210 像素　　　　　　　B．100 像素×100 像素

　　C．50 像素×50 像素　　　　　　　　D．800 像素×800 像素

三、判断题

1．网店图片的分辨率一般可以设置为 300 像素/英寸。　　　　　　　　　　（　　　）

2．商品主图可以是长方形的，也可以是圆角矩形的。　　　　　　　　　　　（　　　）

3．商品主图宽、高必须一致，才可以自动启用放大镜功能。　　　　　　　　（　　　）

4．曲线命令不仅可以调整图片的亮度，还能调整图片的颜色。　　　　　　　（　　　）

5．如果商品详情图片太长，可以对其进行剪切处理。　　　　　　　　　　　（　　　）

四、简答题

1．商品按其表面对光线反射的程度不同可分为哪些类型？拍摄时布光应注意哪些问题？

2．当发现用相机拍摄的图片与实物有色差时，可以采用哪些方法进行调整？

3．以服装商品为例，分析商品详情描述模板一般包含的内容。

4．电脑端商品详情页与手机端商品详情页的制作有什么区别？

5．商品海报一般包含哪些内容？

📔 实训任务

实训任务一：网店商品拍摄

1．搜集日常生活中吸光体、反光体、透明体各一个，借助台灯、自制摄影棚等分别拍摄三张照片，总结不同材质表面物体的拍摄方法。

2．搜集多个商品包装小盒、文具等物品，将这些物品组合起来，从不同角度拍摄，注意观察物品的摆放对构图的影响。

实训任务二：处理商品图片

1．将实训任务一拍摄的商品图片进行处理，为其中一款商品制作主图，要求尺寸为 800 像素×800 像素，颜色尽量与实物保持一致。

2．制作商品详情描述模板。

实训任务三：制作海报

为某个网店制作尺寸为 1 920 像素×500 像素的商品海报。

📔 视野拓展

产品拍摄技巧　　如何做好主图　　配色小技巧　　详情页首图设计实用技巧

第5章　网店装修

【知识框架】

【学习目标】

1．了解网店装修的主要内容。

2．学会手机端网店首页和电脑端网店首页的装修。

3．学会商品详情的装修。

电子商务时代，由于网络的虚拟性，图片、文字及视频成为展示商品与传达信息的主要途径，因而视觉因素在交易过程中起到的作用是非常重要的。网店装修的好坏会直接影响买家对网店的第一印象，专业、美观的网店页面不但能为网店的商品加分，还能增加买家对网店的信任。

5.1 网店装修基础

5.1.1 网店装修的目标与要求

对于网店而言，装修的目标是要能够体现本网店的风格，方便买家浏览与购买，为买家带来良好的购物体验，使买家对网店产生认同感和信任感。网店的视觉元素主要体现在网店整体规划设计、页面布局、广告焦点图设计、商品主图及商品详情页设计等方面。当网店招牌、导航、布局及陈列方式体现出一定特色时，买家会对网店产生好感与信任，进而愿意去了解店内的商品。如果店内的商品能够充分满足买家的需求，就会促使其产生购买行为，购物体验良好的买家甚至会成为网店的忠实客户。

网店装修时主要考虑的是网店的风格和布局、商品展示和浏览体验。首先，网店装修要风格统一、布局整齐。网店风格指的是网店中文字、图片及颜色的搭配，布局指的是各模块的位置安排。在风格上要注意颜色搭配协调，与企业标志的主体颜色一致；布局要注意整齐大气。其次，商品展示要明确。店内商品的分类要清晰，和实体店一样，要让买家可以快速、准确地找到需要的商品。网店装修要保证易于浏览与查找商品。导航要设置各个分类、主推商品、促销活动等栏目，设置商品分类模块时要从商品的类别、价格、新旧款等多维度进行分类，合理的分类与导航设计不仅能够提高商品的浏览率，而且还可以给买家带来良好的浏览体验。

5.1.2 网店装修的内容

网店装修的内容包括首页、活动页及商品详情页等。首页是网店的门面，可引导买家找到需要的商品，可以使买家对网店有直观的了解；首页的海报、公告能够让买家迅速获取店内的促销信息，并引导其进入活动页。活动页通过活动海报营造促销氛围，介绍活动内容及商品，引导买家参与活动。商品详情页主要用来展示商品的具体信息，让买家对商品的基本属性、销售情况及评价信息有充分的了解。

卖家通过千牛卖家中心的"店铺"→"店铺装修"，可以进入店铺装修页面，店铺装修主要包括手机店铺装修、PC店铺装修和装修管理等三部分功能，如图 5.1 所示。

图 5.1　店铺装修页面

5.1.3 网店装修的方法

网店目前已经升级到旺铺智能版，旺铺智能版在基础版的基础上提供了更丰富的手机端装修功能和营销工具，能够提升网店的装修效率和数据化运营能力。

网店装修可以通过两种方式实现，一是购买服务市场的装修模板，二是利用系统提供的模块进行自主装修。这两种方式相比，通过装修模板进行装修比较简单，可以应用一些特定的样式和效果，但是页面风格也相对固定，缺乏个性，并且部分装修模板需要付费才能使用；自主装修自由灵活，可以设计个性化的页面风格，但对装修人员的要求较高，需要其熟练掌握视觉营销设计技巧和图片处理技术。建议初学者先运用系统提供的装修模板进行装修设计。

5.2 手机端网店首页装修

随着移动互联网的发展，淘宝网的业务逐渐向无线端倾斜，手机作为最重要的无线设备，其网店浏览量与成交量已经远远超过了电脑端。可以说，手机端已经成为商家竞争的主要阵地。因此，手机端网店的装修比电脑端网店的装修更为重要。手机端网店装修包括首页、宝贝页、宝贝分类页、自定义页、大促承接页等页面的装修。其中，首页是网店的门面，所以本节重点介绍手机端网店首页的装修。

5.2.1 首页管理

在图 5.2 所示的页面中点击左侧的"推荐（首页）"，即可进入网店首页管理页面。

图 5.2　网店首页管理页面

1. 新建首页

首页可以创建多个，在图 5.2 所示的页面中点击"新建页面"，在弹出的窗口输入页面名称后点击"确认"就可以创建一个新的首页，如图 5.3 所示。

首页也可以通过"一键智能装修"来创建，系统通过智能计算网店数据生成模板页面，其中有"免费"和"VIP 专享"两类模板，若使用免费模板，直接点击"下一步"就可以生成首页，使用 VIP 专享模板则需要卖家付费开通。

图 5.3　输入新建首页名称

通过"一键智能装修"生成页面的方式比较简单，但是其中有些营销活动或促销文案与网店及商品可能不符，因此建议卖家在使用"一键智能装修"生成页面后进行进一步的调整优化。

2. 首页操作

虽然可以创建多个首页，但是在同一时间客户端只能呈现一个首页。因此，卖家需要根据情况选择一个首页进行发布。在首页列表（见图 5.4）中可以看到每个首页的名称/投放人群、更新时间、状态以及可进行的操作。只有状态为"已发布"并且已被设为首页的页面才能被买家在浏览网店首页时看到。

页面名称/投放人群	更新时间	状态	操作
默认首页	2024-02-14 23:40:20	已发布 线上首页	装修页面 删除页面 复制地址 重命名 复制页面 页面二维码
鹿班生成2402145	2024-02-14 23:56:36	未发布	装修页面 设为首页 删除页面 复制地址 定时发布 重命名 复制页面
首页1	2024-02-14 23:56:00	未发布	装修页面 设为首页 删除页面 复制地址 定时发布 重命名 复制页面

图 5.4　首页列表

对首页能进行的操作包括装修页面、删除页面、复制地址、定时发布、重命名及复制页面等。需要注意的是，只有已发布的页面才能被设为首页，如果同时有多张页面被设置成首页，则以最新时间点设置的页面为准。

5.2.2　首页装修

在图 5.4 所示页面中，选择要装修的页面，点击其右侧的"装修页面"即可链接到相应的装修页面。旺铺的页面布局（模块上下顺序）由容器来管理和控制，不同容器允许放置不同数量的模块，但具体展示哪个模块则由算法根据买家的行为偏好决定，从而达到对点击率、转化率的优化。

📖 **小贴士**

容器

容器是介于模块与页面之间的一个布局管理器。在装修页面时，卖家可以将不同类型的模块分别放置到不同的容器中。比如卖家希望在主视觉位置利用千人千面技术来提升点击率，那么卖家只需要在该位置放入单图海报容器，然后在容器内放置若干（目前单容器内模块数量限定在 1~10 个）单图海报模块即可，当单容器内模块数量超过 1 个时，系统便会自动进行推荐和调优。

店铺招牌
海报图文
营销活动
宝贝分类导航
宝贝分类展示

图 5.5　手机端页面布局
参考结构

5.2.2.1　页面风格与布局

手机端页面需要注意风格统一，但是由于手机屏幕尺寸有限，网店呈现的内容一定要简洁明了，文字信息要尽量少，以图为主。此外，要尽量采用相对鲜亮的颜色，否则显示不清晰会影响买家的浏览体验。

手机端的页面布局要注意整齐大方，一般布局结构可参考图 5.5。其中，"店铺招牌"位置固定，在页面最上方；"海报图文"用于展示店内热销、主推商品及店内促销信息;"营销活动"用于展示店内开展的营销活动,如送优惠券、满减、送红包等;"宝贝分类导航"一般用图片分类引导买家查看类目下的商品页面;"宝贝分类展示"则按不同类目展示商品。

5.2.2.2　容器与模块编辑

手机端页面装修是通过容器进行布局控制的,如图 5.6 所示。页面装修流程为:拖入容器→创建模块→放置模块→保存页面→发布页面。新版旺铺中主要有图文类、视频类、营销互动类、LiveCard 和宝贝类等五类容器,不同类别的容器内只能放置相应的模块。

图 5.6　手机端页面装修

1. 图文类容器

图文类容器主要包括以下几种。

(1)轮播图海报,用于图片轮播,每张图片最多允许一个淘宝站内自定义 URL 跳转(域名转向,即跳转到另一个网络地址)。

(2)单图海报,即单张图片海报,允许一个淘宝站内自定义 URL 跳转。

(3)店铺热搜,固定样式的算法关键词模块,自动分析全网搜索关键词与店铺品类相关性并进行结果展示,快速引导买家到达关键词结果页,相比于部分店铺自行制作的关键词模块,其优势在于算法自动分析展示,结果更为准确。

(4)文字标题,用于添加文字信息。

(5)多热区切图,支持多热区链接,可以自由设计图片内容并添加链接。

(6)淘宝群聊入口,用于展示卖家创建的客户群,由平台根据群的活动权益、优质程度、活跃程度、群成员质量等条件智能匹配展示,该模块仅符合入群条件的买家可见,如果卖家没有创建群,此处不展示。

(7)人群海报,用于显示定向人群海报。

(8)免息专属飘条,用于展示店内公告或促销活动信息,有"免息"图标。

2. 视频类容器

视频类容器只有单视频，允许在页面中添加两次，通过视频可以更加直观地宣传店铺品牌实力或主推商品，吸引买家下单购买。

3. 营销互动类容器

营销互动类容器包括以下几种。

（1）店铺优惠券，用于展示店内营销活动，促进买家下单。

（2）裂变优惠券，用于提升店铺流量。

（3）购物金，需要开通购物金功能才能展示在首页中，购物金为邀约制开通。

（4）芭芭农场，由算法生成，属于天猫合作店铺专用模块。

（5）店铺会员模块，即会员入口，需要卖家在"用户运营"的"会员运营"中提前设置好会员等级和会员权益。

（6）人群优惠券，用于展示定向优惠券，需要提前在"用户运营"的"自定义运营"中设置好人群优惠券。

4. LiveCard 容器

LiveCard 容器是指店铺动态卡片，是升级后的原店铺平面装修模块，从"定向页面装修"升级为可跨场景流转的"商家私域最小运营单元"，更具场景化、互动性，是品牌与买家沟通的窗口。

LiveCard 容器主要有以下三种。

（1）测款选品，通过对商品图片或视频的多轮对比互动投票，并结合算法模型数据分析，捕捉买家真实喜好，以此指导生产备货、外观选择、选主推款、主图设计和商品组合等场景应用。

（2）天猫 U 先-店铺派样，在"天猫 U 先"私域派样的店铺首页渠道完成报名和发布的商品才可在该模块展示。

（3）天猫 U 先-免费试用，天猫店铺在营销活动中心报名"免费试用"活动的商品才可在该模块展示。

5. 宝贝类容器

宝贝类容器包括以下几种。

（1）排行榜，包括销量榜、收藏榜、新品榜，系统自动抓取商品并予以展示，使用"微详情"可展开榜单内全部商品。

（2）智能宝贝推荐，是较为常用的功能模块，方便任意组织商品系列并快速装修，支持1～3 列不同样式并灵活组合；可实现商品个性化推荐排序。

（3）系列主题宝贝，是具有主题的商品展示模块，方便店铺组织商品系列及快速装修，支持横滑；可实现主题商品个性化推荐排序。

（4）鹿班智能货架，利用模板自动生成模块图以展示店内指定数量的商品。

（5）免息商品智能货架，利用模板自动生成模块图以展示店内指定数量的商品，与鹿班智能货架不同的是，带有免息商品信息。

（6）大促预售商品货架，该模块仅适用于天猫店铺，会自动拉取店铺预售商品数据，无须手动添加，并默认千人千面展示。

【例 5.1】 对手机端网店首页进行装修，添加"单图海报"容器和模块。

（1）将"单图海报"容器拖入首页，并选中该容器，如图 5.7 所示，右侧出现模块放置区。如果已经创建模块，直接点击"选择已有模块"即可。如果没有创建模块，则需要新建模块。模块内容包括名称、图片、跳转链接等。

图 5.7　添加容器

（2）在模块基础内容下，输入模块名称"主推商品 1"。

（3）将鼠标指针移动到"添加图片"位置，弹出"上传图片"和"智能作图"两个按钮，如图 5.8 所示。如果有做好的图片，可以选择"上传图片"；如果没有，可以点击"智能作图"进行制作，进入图 5.9 所示的智能作图页面，点击"上传图片"，选择合适的图片，点击"立即生成"就可以自动生成海报。

图 5.8　添加图片

图 5.9　智能作图页面

（4）对于自动生成的海报，部分文案需要调整。将鼠标指针移动到计划选用的图片上，点击"编辑"即可修改文案，如图 5.10 所示。编辑完成后点击"保存"即可。

（5）二级承接页有"自定义链接"和"微详情页"两种选择，如图 5.11 所示。"自定义链接"包括宝贝链接、分类链接、优惠券链接、店内页面链接等；"微详情页"是多个商品放在一起的页面。此处选择"自定义链接"，并且选择具体的商品链接。

（6）通过前面几步，就创建了一个单图模块。同一个容器最多可以放置 3 个模块，容器内如何展现模块，则需要进行智能展现设置，如图 5.12 所示。其他模块的添加可以点击"添加模块内容"，操作方法同前面的步骤。智能展现设置中，流量分配包括"平均分配"和"智能分配"两种方式。其中"智能分配"将根据买家兴趣通过算法优选展现，在单图海报区域呈现千人千面的效果。

（7）都设置好后，点击"保存"即可完成该容器的设置。

图 5.10　编辑海报

图 5.11　选择跳转链接

图 5.12　智能展现设置

5.2.3　模块管理

模块是用于实现功能、表达内容的具体载体，是构成页面的必备要素。进行页面装修时可以先在模块管理页面创建好所需要的模块，然后再在页面管理页面拖入容器，并选择相应模块放置在容器内，最后保存并发布页面。

按照"千牛卖家中心"→"店铺"→"店铺装修"→"装修管理"→"模块库"的顺序点击，即可进入模块管理页面，如图 5.13 所示。

在模块管理页面中，可以点击"创建模块"创建具体模块，也可以点击已创建模块上方的"预览""复制""删除"，对该模块进行管理。

图 5.13　模块管理页面

【例 5.2】创建"多热区切图"模块,实现店铺商品的分类导航。

(1)点击"创建模块",选择"多热区切图"模块类型,并点击"确认创建",如图 5.14 所示。

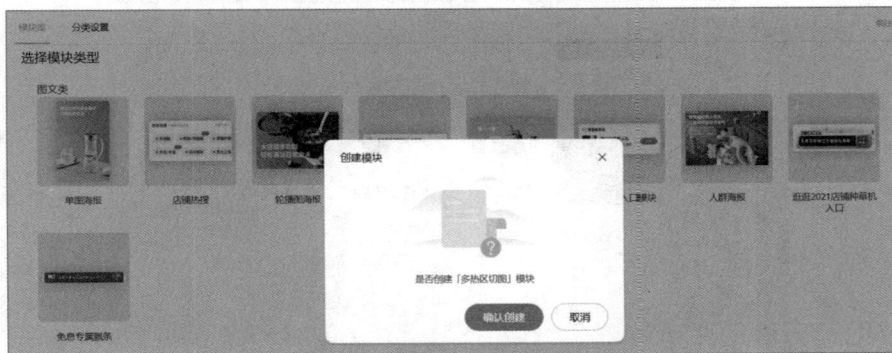

图 5.14　选择"多热区切图"模块类型

(2)进入图 5.15 所示的模块编辑页面,输入模块名称,在内容设置区域点击"上传图片",并在弹出的图片选择框中选择提前做好的商品分类导航图片,如图 5.16 所示。

图 5.15　模块编辑页面

图 5.16　插入分类导航图片

（3）点击"添加热区"，进入热区编辑器页面。改变热区大小，并将其移动到合适的位置，将"婴童"图片及文字圈起来，并利用链接小工具为热区添加链接，如图 5.17 所示。通过点击选择链接的对象为宝贝分类下的"婴童"类别，如图 5.18 所示。

图 5.17　添加热区

图 5.18　链接小工具

（4）用同样的方法为其他分类添加热区。设置好之后点击热区编辑器页面中的"完成"，然后点击"保存并发布"，则该模块创建完成。

（5）若想在页面显示该模块，可以先在页面管理页面中添加"多热区切图"容器，再将该模块置入其中。

5.3 电脑端网店首页装修

通过千牛卖家中心的"店铺"→"店铺装修"→"PC 店铺装修"可以进入"PC 店铺装修"页面，如图 5.19 所示。电脑端网店页面主要包括基础页、宝贝详情页、宝贝列表页、自定义页及大促承接页等。各页面都是由页头、主体、页尾构成的，而且页头和页尾一般都是统一的。各页面的装修都是在布局的基础上，添加各模块，然后再对模块进行编辑的。

本节以首页为例，介绍页面的风格和布局设计以及主要模块设计。

图 5.19 "PC 店铺装修"页面

5.3.1 首页的风格和布局设计

1. 首页的风格设计

淘宝智能版提供了多种网店风格的配色方案，在页面装修页面左侧"配色"栏目下可以看到 24 种风格，如图 5.20 所示。风格对网店装修至关重要，因为它会强烈地影响买家的购买行为。

当卖家为网店选择了系统默认的配色方案后，导航、各模块标题会应用该配色。

风格的设置和应用非常简单，但是要合理应用风格需要有一定的色彩知识。风格的设置要注意以下几点：①要有统一的色彩基调；②页面上大块的颜色最好不要超过三种，作为主色调的大面积色彩要统一，其他颜色只起辅助和衬托作用；③色调要与网店的经营内容风格一致。

在电脑端装修页面的上方可以看到"页面编辑"和"布局管理"两个按钮，如图 5.21 所示。选择要装修的页面，点击"布局管理"，可以对该页面的整体结构进行管理，也可以对现有的布局进行调整，如图 5.22 所示，在其中还可以删除或者添加布局单元。可以添加的布局单元主要有三种，如图 5.23 所示，根据准备添加的模块类型进行选择即可。

图 5.20 电脑端页面配色方案

图 5.21 布局管理入口

图 5.22　布局管理页面

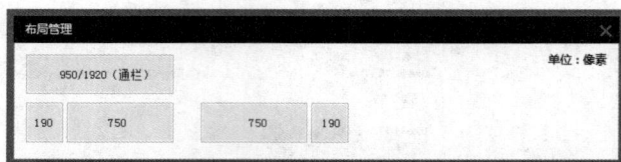

图 5.23　布局单元的类型

2. 合理安排模块的位置

设计好页面的整体布局之后，就可以将模块直接拖入相应的布局区域并进行编辑操作。

对于电脑端页面，装修系统提供的主要模块如表 5.1 所示。在实际设计中可根据需要选择具体的模块。

表 5.1　电脑端页面装修模块

宽度/像素	模 块 名 称
190	宝贝推荐、宝贝排行、默认分类、个性分类、自定义区、图片轮播、友情链接、客服中心、生意参谋、无线二维码、充值中心、宝贝搜索、公益广告
750	宝贝推荐、自定义区、图片轮播、宝贝搜索、红包、购物券、公益广告
950	宝贝推荐、自定义区、图片轮播、友情链接、宝贝搜索、满返、红包、购物券、小黄条、满减、公益广告、店铺招牌、特价专区、宝贝排行（个性化）、宝贝分类（横向）
1 920（智能版）	全屏宽图、全屏轮播

一般来说，网店首页应包含以下几个基本模块。

（1）店铺招牌，作为网店的门面，营销型的店铺招牌可以呈现店内特色商品及热销商品的信息。

（2）导航，用于引导买家快速查看店内信息，一般作为分类展示商品的入口。

（3）图片轮播，给人以震撼的视觉效果，是促销活动的必备模块。

（4）宝贝分类，方便买家根据不同类目查看商品。

（5）宝贝搜索，为买家提供快速通道，使其搜到店内符合自己要求的商品。

（6）宝贝推荐，对店内的商品进行推荐展示。

利用系统默认装修模块制作网店首页相对比较简单，但是视觉效果比较单一、呆板，在具体操作中还可以利用自定义内容区的模块，通过代码加图片的方式获得更好的效果。

5.3.2 主要模块设计

下面介绍店铺招牌、导航、图片轮播、促销活动区等模块的设计。

1. 店铺招牌

店铺招牌是网店首页的主要内容，用来展现网店的特色，打造网店品牌。店铺招牌应当能够让买家对网店的名称、经营范围以及商品特色一目了然。

（1）店铺招牌的尺寸。店铺页头高度为 150 像素（已包含导航），一般淘宝网店建议招牌尺寸为宽 950 像素、高 120 像素，如果招牌的高度加上导航的高度刚好为 150 像素，可避免招牌发布后导航被挤掉而不能显示的问题。

（2）店铺招牌编辑。店铺招牌有默认招牌、自定义招牌两种类型。默认招牌是一张背景图片，根据需要选择是否显示网店名称。背景图片可以通过选择淘宝网图片空间中的图片或本地上传图片的方式插入并保存。用这种方法添加的店铺招牌是静态的，不能添加热点实现链接引流。自定义招牌可以使用 HTML 编写，其中可以包含多张图片，并可以实现超链接功能等。如果自定义区内没有内容，就无法显示店铺招牌。

注意： 编辑好店铺招牌之后，需要发布才能在客户端显示，其他模块同样如此。

2. 导航

导航是买家浏览网店的快捷通道，它可以帮助买家从一个页面跳转到另一个页面。设置导航的目的是给买家提供清晰的指引，因此，导航内容应当保证店内商品、促销活动、优惠信息能被买家看到，从而提高浏览率和转化率。

导航可以采用系统提供的默认模块来编辑，打开导航编辑器，点击"添加"就可以添加导航内容了。导航内容一般包括"宝贝分类""页面""自定义链接"等，如图 5.24 所示。对设置好的内容可以进行位置调整或删除操作。

导航默认宽度是 950 像素，如果想实现通栏效果，可以设置页头背景图。背景图高度为 150 像素，下方高度为 30 像素的色块与导航条颜色一样。页头的具体设置如图 5.25 所示。

图 5.24　导航设置 　　　　　　　图 5.25　页头的具体设置

3. 图片轮播

图片轮播可以让网店在有限的空间内尽可能多地轮流展示商品的信息，如"爆款"、促销活动、特价等。如果没有图片轮播模块，可以在网店装修页面的"布局管理"中添加"图片轮播"或"全屏轮播"模块。图片轮播一般应当放置在首页重要的位置，如放在页面主体的顶部等。

图片轮播所用的图片一定要突出主题信息，买家倾向于查看那些能够清楚地看到细节和获取信息的图片，因此网店要避免使用那些杂乱而没有明确主题的图片。

图片轮播除了可以通过系统自带模块来实现，也可以使用自定义内容添加代码来实现。

【例5.3】为网店添加"全屏轮播"模块，展示店内主推商品的信息。

（1）从装修页面左侧点击"模块"标签，并将模块列表中的"全屏轮播"模块拖动到页面右侧，如图5.26所示。

图5.26 选择"全屏轮播"模块

（2）点击"全屏轮播"模块右上角的"编辑"，打开编辑窗口，如图5.27所示，分别输入或选择图片的地址和链接地址。点击"保存"。

图5.27 全屏轮播设置页面

4. 促销活动区

促销活动区主要用于展示满减、包邮、红包、优惠券、抽奖等促销信息，对提升店铺流量有一定帮助。促销活动区一般放置在首页上方比较醒目的位置，能够有效地吸引浏览者的视线。

在促销活动区可以添加红包、满返、购物券等模块，这些模块必须先设置好相关活动，才可以在客户端展示。

5. 商品分类

商品分类也是店内指引买家浏览商品的重要途径。商品分类有竖向和横向两种形式。竖向模块尺寸为150像素（指宽度，下同），包括默认分类和个性化分类两种[见图5.28（a）、（b）]，其中，默认分类显示所有的商品分类，而个性化分类可以根据需要显示部分分类。横向模块宽度为950像素，如图5.28（c）所示。

（a）竖向分类（默认分类）　　　　　（b）竖向分类（个性化分类）

（c）横向分类

图5.28　商品分类

6. 商品展示区

商品展示区主要用于展示商品，展示既可以通过系统自带的"宝贝推荐"等模块实现，也可以通过自定义内容实现。

"宝贝推荐"模块是展示商品的主要模块。将该模块拖到页面中，点击模块就可以设置推荐商品的方式。推荐方式有自动推荐和手工推荐两种，自动推荐可以按照排序、分类、关键字、价格范围等进行推荐，如图5.29所示。在"电脑端显示设置"选项卡中可以设置每一行展示的商品个数，一般设置为4个比较合适。手工推荐则需要卖家手动选择要展示的商品。

通过自定义内容区也可以展示商品。其过程是利用专业网店装修工具选择商品展示模板，提供商品链接让系统提取信息，然后生成代码，并将代码复制到自定义内容代码编辑窗口中。

（a）"宝贝设置"选项卡　　　　　（b）"电脑端显示设置"选项卡

图5.29　"宝贝推荐"模块的"宝贝设置"和"电脑端显示设置"选项卡

7. 页尾

一般要为页尾添加"自定义内容区"模块，卖家可以根据需要加入图片链接、公告信息、促销信息等。

5.4 商品详情装修

商品详情页是网店运营中非常重要的部分，它是买家进入网店后购买商品时一定会看的页面，商品详情页做得好不好，对商品的销售有着直接的影响。卖家按"千牛卖家中心"→"商品"→"商品管理"→"商品装修"的顺序点击，可以打开"商品装修"页面，如图 5.30 所示，商品装修主要包括单个商品装修和批量投放两种方式。

图 5.30 "商品装修"页面

5.4.1 单个商品详情装修

点击图 5.30 中某个商品右侧的"装修商品"，即可对该商品进行装修，装修内容包括"主图""店铺推荐""图文详情"等三个模块，如图 5.31 所示。

图 5.31 单个商品装修页面

1. "主图"

"主图"装修包括添加或更换主图视频和宝贝图片。

视频的比例应当控制在 1:1 或 16:9（画面上下不留黑），建议尺寸为 750 像素×1 000 像素及以上；视频时长为 5～60 秒（建议 30 秒左右，有利于被优先抓取）；内容要突出商品的一两个核心卖点。

电脑端商品图片尺寸为 700 像素×700 像素以上，手机端商品图片可以采用 3:4 的图片，建议尺寸为 750 像素×1 000 像素。

2. "店铺推荐"

使用"店铺推荐"功能可以对使用新版图文详情编辑器发布的商品详情中的店铺推荐模块进行自定义排序，全店在售商品数至少有 7 个（不包含赠品）才能展示"店铺推荐"模块。

3. "图文详情"

点击图 5.31 中的"图文详情"可对商品详情进行装修，商品详情装修页面如图 5.32 所示。卖家可以根据商品类型选择"基础模块""营销模块""行业模块""自定义模块"进行添加，然后对各模块进行编辑，商品详情装修模块的内容如图 5.33 所示。

图 5.32　商品详情装修页面

| （a）基础模块 | （b）营销模块 | （c）行业模块 | （d）自定义模块 |

图 5.33　商品详情装修模块的内容

这些模块的使用方法是，点击某一模块内系统自动提供的模板，该模板将出现在详情编辑区域，在右侧编辑器中可以进行替换文字或图片、增加链接等编辑操作。例如，按"行业模块"→"宝贝参数"的顺序点击（见图 5.34），选择其中一款系统提供的商品参数模板，则该模板就会被添加到详情编辑区域，如图 5.35 所示。

图 5.34 "宝贝参数"模块

装修页面的中间区域为详情编辑区域，在该区域选中模块的某一元素会弹出相应的工具框，如选中文字会弹出文字操作工具框，从中可以将文字设置为粗体或斜体、修改字体及字号、复制和删除文字等；选中图片会弹出图片操作工具框，从中可以进行替换、裁剪、复制和删除图片操作；选中热链会弹出热链操作工具框，从中可以更改热链、预览热链内容、复制或删除热链。而利用右侧的模块设置工具可以添加链接、文字、图片等元素，也可以设置模块的高度和背景色等。

当商品详情编辑完成后，需要点击页面上方右侧的"发布"，商品详情才会更新显示。

图 5.35 "宝贝参数"模块装修页面

5.4.2 商品详情批量投放

店内许多商品详情都有共同的内容，如商家品牌、商家公告、商家营销活动等，如果每个商品都要单独制作详情内容，重复劳动太多，会影响工作效率，而批量投放功能就是用来解决这个问题的。批量投放的操作过程是先选择模块，然后进行投放设置，选择投放在哪些商品上，最后确认投放。

【例 5.4】制作商品公告模块，利用批量投放功能投放在店内所有商品上。

（1）制作图片，以图片的形式描述商品的质量、色差、尺寸、退货等相关信息，并将图片上传至图片空间。

（2）点击图 5.30 中"常用装修工具"下的"批量投放"，进入批量投放页面，如图 5.36 所示。

（3）选择投放模块，如果已经创建模块，可直接选择；如果没有模块，则需要新建投放模块。批量投放模块包括"店铺活动""优惠券""店铺推荐""群聊""品牌介绍""商家公告"等，如图 5.37 所示。

（4）选择"商家公告"模块，点击"新增商家公告模块"，进入图 5.38 所示页面。

（5）对商家公告进行编辑，删掉文字，插入制作好的图片，如图 5.39 所示，然后对编辑好的模块进行命名并保存。

图 5.36　批量投放页面

图 5.37　批量投放模块选择页面

图 5.38　创建"商家公告"模块

（6）返回批量投放页面，选择新建的"商品公告"模块，设置模块位置和生效时间并选择要投放的商品，如图 5.40 所示，点击"确认投放"完成投放。

图 5.39　编辑"商家公告"

图 5.40　设置投放信息

本章小结

　　网店装修不仅是网店运营的基础，也是提升网店形象的关键。好的装修会让人赏心悦目，增加买家对网店的信任。

　　本章首先介绍了网店装修的基础知识，包括装修的目标、要求、内容及方法等。网店装修的主要目标是体现网店风格，给买家带来良好的浏览体验，使买家对网店产生认同感和信任感，进而促进销售。网店装修主要包括手机端页面装修和电脑端页面装修，由于目前无线流量占据主要地位，所以本章着重讲解了手机端页面的装修。商品详情装修也是店铺运营的关键环节，当店内商品需要编辑详情时，卖家可以通过店铺装修的"商品装修"功能来提高工作效率。

课后习题

一、名词解释

　　网店装修　　店铺招牌　　页面容器

二、单项选择题

　　1．网店装修的目标不包括（　　　）。

　　　　A．体现网店风格　　　　　　　　　　　B．方便买家浏览和购买

　　　　C．给买家带来良好的浏览体验　　　　　D．降低商品成本

　　2．对电脑端默认商品详情装修时，在描述信息中能够添加（　　　）。

　　　　A．特价模块　　　　B．商品推荐模块　　　　C．图片轮播　　　　D．自定义内容区

　　3．淘宝网店电脑端页头装修可以通过（　　　）实现通栏效果。

　　　　A．页头背景色　　　　B．页头背景图　　　　C．页面背景色　　　　D．页面背景图

　　4．关于手机店铺装修，下列说法错误的是（　　　）。

　　　　A．"单图海报"模块装修时每张海报图允许设置一个淘宝站内自定义 URL 跳转

　　　　B．首页装修时可以添加视频展示模块

　　　　C．"天猫 U 先-店铺派样"模块添加后，天猫店铺的商品都能在该模块展示

　　　　D．"智能宝贝推荐"是手机店铺装修时较为常用的功能模块

　　5．淘宝网店详情描述区域的宽度应为（　　　）像素。

　　　　A．720　　　　　　B．740　　　　　　C．750　　　　　　D．790

三、判断题

　　1．电脑端网店招牌最多只能添加两个。　　　　　　　　　　　　　　　　（　　　）

　　2．电脑端网店招牌只能是一张图片。　　　　　　　　　　　　　　　　　（　　　）

　　3．网店招牌和导航属于网店的页头。　　　　　　　　　　　　　　　　　（　　　）

　　4．电脑端轮播图片尺寸必须是 950 像素×500 像素。　　　　　　　　　　（　　　）

　　5．默认商品详情装修可以将所有商品共有的描述通过自定义内容区实现。（　　　）

6．手机端页面装修直接将模块拖入页面进行编辑即可。 （　　）

四、简答题

1．在网店首页上如何展示商品才能使买家的浏览体验更好？

2．手机端页面装修的过程是怎样的？

3．手机端页面容器的作用是什么？

4．简述商品详情装修的过程。

实训任务

实训任务一： 电脑端网店装修

1．对电脑端网店首页进行装修，添加基础模块，如店铺招牌、导航、图片轮播、营销活动、商品分类和商品推荐等，并利用"稿定设计"等辅助装修工具对其进行编辑。

2．对各商品进行商品详情装修。

3．在商品详情页面批量投放店铺商品推荐。

实训任务二： 手机端网店装修

1．对手机端网店首页进行装修。

2．在同一个容器内放置多个模块，实现千人千面的效果。

视野拓展

新版旺铺图片类模块尺寸要求	新版旺铺整体介绍和装修流程	页面装修：容器化的千人千面编辑器	Tab 导航升级及设置教程

第6章　网店搜索引擎优化

【知识框架】

【学习目标】

1．了解影响商品排名的因素。

2．学会商品标题的设置与优化。

3．学会淘宝网的类目优化、商品属性优化和商品上下架时间优化。

搜索引擎优化（Search Engine Optimization，SEO）是利用搜索引擎的搜索规则来提高网站或者网店在搜索引擎中的自然排名，以获得自然搜索流量。网站 SEO 主要是指通过站内优化（如网站结构调整、网站内容建设、网站代码优化等）及站外优化（如站外推广等），提高网站的自然搜索排名及企业产品曝光度的活动。网店 SEO 主要分为两种：第一种是网店在站外搜索引擎（如百度等）中的优化；第二种是提升网店在淘宝网内的自然搜索排名，通过优化网店商品标题、类目、属性、上下架时间等来获取较靠前的排名，从而获取淘宝网搜索流量。本章主要介绍第二种。搜索引擎优化对提升网店自然搜索流量起着至关重要的作用。

6.1 淘宝网的自然搜索规律

6.1.1 淘宝网自然搜索的原理与搜索引擎的工作步骤

6.1.1.1 淘宝网自然搜索的原理

通常来说，自然搜索流量是指当买家在搜索商品时，卖家不用付费，其网店的商品自然获得的流量，其中，买家点击一次就算一次流量。一个网店能不能有长远的发展，自然搜索流量起着关键的作用，网店自然搜索流量稳定，对网店的转化率和人气会有积极的影响。淘宝网店的自然搜索流量一般占总流量的三四成。了解淘宝网的自然搜索原理可以帮助卖家更好地制定 SEO 策略，图 6.1 所示为淘宝网自然搜索的原理示意图，它反映了关键词自然搜索的整个流程。

图 6.1　淘宝网自然搜索的原理示意图

从图 6.1 可以看出，对商品的类目、属性和标题进行筛选为最初的筛选环节，之后再进行竞争排名，从而得到最终的展现排名。

6.1.1.2 淘宝网搜索引擎的工作步骤

根据淘宝网自然搜索的原理，商品的类目、属性、标题以及商品间的竞争排名规则是影响淘宝网自然搜索结果的关键，那么当买家在搜索栏中输入关键词时，淘宝网的搜索引擎是怎样工作的呢？

1. 提取关键词

当买家输入关键词进行搜索时，搜索引擎工作的第一步是"猜"，即"猜"买家到底想要搜索到什么结果，然后提取并推荐结果。例如，买家输入"牛仔裤"，搜索引擎会按照商品的排名等条件，罗列出与关键词"牛仔裤"相关的关键词，如牛仔外套、牛仔女、牛仔裙、牛仔外套女、牛仔连衣裙等，图 6.2 所示为在淘宝网搜索关键词"牛仔裤"的结果。

我们可以发现，搜索引擎搜索出来的商品共有 100 页，每页展现 48 件商品，共 4 800 件商品，这些商品都是从淘宝网筛选出来的，其实买家搜索出的商品远远多于 4 800 件，而买家一般只会翻看前几页，所以抢占靠前的排名非常重要。

在这个过程中，淘宝网搜索引擎对买家输入关键词的"猜"可以分为三个阶段。

（1）匹配关键词。淘宝网搜索引擎"猜"买家输入的关键词并非毫无根据，而是根据买家在某个时段内搜索关键词的行为记录和概率统计的结果，从而"猜"出买家想要什么。比如，买家输入"小米"，淘宝网搜索引擎根据买家之前浏览记录，会猜买家想要一部小米手机，而不是可食用的小米，从而将小米手机推荐给买家。

图 6.2　在淘宝网搜索关键词"牛仔裤"的结果

（2）匹配类目。淘宝网搜索引擎会对提取出来的商品进行类目匹配。比如，买家搜"牛仔裤"时，搜索引擎就会展现出"品牌""选购热点""裤长""女装"等分类，如图 6.2 所示，从而便于买家进一步根据类目筛选要找的商品。

（3）个性化推荐。淘宝网的个性化推荐一般是根据买家上网时留下的痕迹，从而去判断买家本次搜索倾向于找什么样的商品。例如，通过分析买家曾经买过哪些商品、把哪些商品放入了购物车、收藏过什么商品或网店等，去判断买家本次搜索会倾向于找什么样的商品。

可见，在淘宝网上输入的关键词在很大程度上是给搜索引擎"看"的，从而让搜索引擎"猜"出搜索某关键词的买家真正需要的商品。

> 📖 **小贴士**
>
> **淘宝网搜索引擎筛选商品的步骤**
>
> 淘宝网搜索引擎筛选商品的过程分为六个步骤：①相关性筛选（类目相关、属性相关、标题相关和店铺相关，不相关的商品会被直接屏蔽）；②违规过滤（虚假交易、重复铺货、SKU 违规等其他违规，有过违规行为的商品会被直接屏蔽）；③优质网店筛选（优先选择权重高的网店）；④优质商品筛选（优先展示权重高的商品）；⑤下架筛选（淘宝网将很多优质商品筛选出来之后，会将商品按照下架时间来排序，越临近下架的商品权重越高）；⑥个性化推荐。

2. 商品排序

淘宝网搜索排名越靠前的商品，获得的展示机会就越多，得到的流量也就越多。为了给众多商品排出顺序，搜索引擎需要进行一番计算。一般来说，搜索引擎主要考虑商品综合权重，商品的综合权重又分为两个方面：一是网店权重，通常情况下，影响网店权重的因素有旺旺在线时长、商家层级、综合体验分和信用等级、跳失率、动销率和滞销率、纠纷退款率、降权、回头客、消费者保障服务等；二是商品权重，一般影响商品权重的因素有标题关键词的匹配性、商品属性的完整度和准确度、商品主图和详情、点击率、转化率、交易量、评价、收藏率和加购率、上下架时间等。图 6.3 所示为商品的综合权重。

图 6.3　商品的综合权重

📖 **小贴士**

权　重

权重是一个相对的概念，是针对某一指标而言的。某一指标的权重是指该指标在整体评价中的相对重要程度。确定权重是指从若干评价指标中分出轻重来，一个评价指标体系相对应的权重就组成了权重体系。某淘宝网店的权重较高，说明淘宝网对该网店的评价较高，就有可能将该网店排到搜索结果页面的前面；某商品的权重较高，说明淘宝网对该商品的评价较高，就有可能将该商品排到搜索结果页面的前面。一般来说，淘宝网搜索引擎排序时主要考虑的是商品综合权重（网店权重与商品权重的综合）。

6.1.2　影响商品排名的因素

📖 **小贴士**
影响网店权重的因素

影响商品排名的因素主要有影响网店权重的因素和影响商品权重的因素两方面。

6.1.2.1　影响网店权重的因素

影响网店权重的因素主要有以下几个。

（1）旺旺在线时长。在淘宝网搜索时，位于前几页的网店的旺旺几乎始终保持在线。旺旺在线和旺旺的回复响应时间都是影响搜索排名的因素。当然，卖家如果实在太忙，可以给旺旺设置自动回复，以快速响应。

（2）商家层级。卖家可以点击"千牛卖家中心"→"店铺"→"店铺管理"→"层级与权益"来查询层级，如图 6.4 所示。商家层级越高，越有利于提高搜索排名，得到越多的流量。其中，在"成长诊断"模块中可以查看当前店铺数据及超过同行同层的百分比。

（3）综合体验分。综合体验分是店铺在近 30 天的商品体验、物流体验、服务体验等指标的综合表现。其中，店铺商品体验包括首次品退率、商品差评率等；店铺物流体验包括 48 小时揽收及时率、物流到货时长等；服务体验包括旺旺人工平响时长、退款处理时长、纠纷投诉商责率等。综合体验分越高，越有利于提高搜索排名。

（4）跳失率。跳失率是指统计时间内买家只浏览了一个页面就离开的访问量与总访问量的比率。淘宝网根据买家在网店的停留时间和跳失率来判断商品描述是否吸引人，买家停留时间越长、在网店中浏览的页面越多，跳失率就越低，就越有利于提高搜索排名。

（5）动销率和滞销率。动销率是指在一定周期内有销量的商品数量与全部上架销售的商品数量的比值。一般以 30 天为一个周期，假设网店有 10 件商品，30 天内有 6 件商品卖出，那么动销率就是 60%。"滞销下架宝贝"中的商品不会被买家搜索到。滞销率为滞销商品数量与全部上架销售的商品数量的比值。滞销商品越多，滞销率就越高，网店的权重也就越低。登录千牛卖家中心，选择"商品"→"商品管理"→"我的宝贝"→"…"→"滞销下架"（见图 6.5）即能看到网店内哪些商品为滞销下架商品。

图 6.4　商家层级

小贴士

卖家可以进入淘宝网的店铺体检页面，对自己的网店和商品进行细致的检查，诊断网店存在的问题，包括商品是否被降权、被屏蔽，是否有待搜索优化的商品等。

图 6.5　查看"滞销下架"商品

一般来说，卖家如果能够做到在 7 天之内每种商品都至少有一笔销量，网店的动销率就会提高，这对提升网店的权重也有利。通常情况下，对网店而言，动销率为 80% 是及格线，90% 是优秀，100% 为最好。建议卖家将滞销商品进行重新编辑或下架，以便提升网店的权重。

（6）纠纷退款率。退款率是指 30 天内成功退款笔数占成交笔数的比例。纠纷退款笔数是指买卖双方未自行协商达成协议，由淘宝网介入并且判定为支持买家及维权成立的退款笔数总和。纠纷退款率是指 30 天内纠纷退款笔数占成交笔数的比例。退款率和纠纷退款率是判断商品质量和服务质量的重要指标，退款率比同行高的网店，排名会降低，而有纠纷或纠纷退款率高的网店，会被淘宝网做降权处理。

（7）降权。当淘宝网判断网店出现违规行为时，会对网店进行降权处理，因此卖家要熟知淘宝网的规则，避免违规行为。被降权的主要原因有炒作信用、故意堆砌关键词、重复铺货、邮费作假等。目前最长的降权时间是从最后一次不规范的操作开始计算，30 天左右结束降权。

（8）回头客。回头客越多的网店，排名会越靠前。同理，商品复购率越高的网店，排名也会越靠前。

（9）消费者保障服务。淘宝网的消费者保障是指卖家通过淘宝网发布商品信息并向买家出售商品时，根据消费者保障协议约定的条款和条件及淘宝网其他公示规则的规定，应履行商品如实描述、7 天无理由退货、其他保障等消费者保障服务义务。网店加入消费者保障服务要交纳一定的保证金，卖家支付宝账户上的这部分资金将被冻结。是否加入消费者保障服务会影响店铺商品的排名。登录千牛卖家中心，选择左侧的"财务"，点击"保证金"，签约消费者保障服务协议后，即可加入消费者保障服务。

6.1.2.2 影响商品权重的因素

影响商品权重的因素主要有以下几个。

（1）标题关键词的匹配性。一般来说，淘宝网中商品标题中的关键词要使用该商品所在类目下的热搜关键词，同时，商品的详细描述中最好也包括热搜关键词，这样更有利于提升搜索排名。图 6.6 所示为商品详情描述中的热搜关键词。

（2）商品属性的完整度和准确度。卖家在填写商品属性时，必须尽量完整且定位准确。尽量完整是指尽量按照淘宝网中列举的条目填写完整；定位准确是指描述商品的类目和属性时必须准确，如平底鞋，必须填写为平底鞋，不能写成高跟鞋等，否则容易被淘宝网降权。

（3）商品主图和详情。商品主图应该真实反映商品最直观的部分，要避免让过多的文字、图片掩盖商品的真实面貌，要努力让买家通过商品主图了解商品的细节。为了更好地提升买家的搜索购物体验，淘宝网搜索引擎会对质量较差的主图进行流量限制。

如果商品主图能在第一时间吸引买家的注意力，商品详情又能给买家提供与商品本身密切相关的信息，就能提高商品的购买转化率。一般而言，商品详情对商品自然排名的影响主要体现在转化率、跳失率和访问时间等方面，如果这些指标均表现优秀，那么淘宝网搜索引擎会认为商品的主图和详情比较符合买家的需求，从而提升其权重。

商品详情	累计评价 2288		
品牌名称：奢姿			
产品参数：			
厚薄：适中	材质成分：聚酯纤维100%	流行元素：蝴蝶结
袖长：九分袖	销售渠道类型：纯电商（只在线上销售）	货号：SZ18A5353-2
面料：聚酯 涤纶	颜色分类：宝蓝色	品牌：奢姿
年份季节：2018年春季	大码女装分类：连衣裙	适用年龄：25～29周岁
尺码：L、XL（预售3月21号发货）、2XL、3...	组合形式：单件	穿着方式：套头
服装款式细节：镂空	裙长：中裙	领型：圆领
服装版型：直筒		成分含量：96%及以上
裤型：其他	裙型：其他	

图 6.6　商品详情描述中的热搜关键词

（4）点击率。点击率是指商品被点击的次数与被显示次数之比。新品上架后的随机展示概率是相似的，在固有的展示次数里，如果点击率高，则表示该商品的标题和图片的搭配比较合理，能够获得不错的关注度，淘宝网则会继续增加该商品的展示机会；反之，如果点击率过低，商品可能会被降低排名。

（5）转化率。转化率是指进店的所有访客中成功交易的人数所占的比例，也是商品能否得到买家认可的一种体现。一般来说，转化率高的商品，商品特点描述详细、商品展示图片清晰，并符合买家的实际需求，买家对商品的信任度也较高，淘宝网将对这类商品的排名进行提升。对于转化率过高的商品，为了鉴别真伪，淘宝网将对其进行人工审核，审核合格则给予提升排名的处理，但商品如果被发现存在刷信誉、刷单等情形，则会被降权。

（6）交易量。交易量分为商品总交易量和最近 30 天的交易量，淘宝网搜索引擎会以最近30 天的交易量作为参考。交易量越大，商品的权重越高。

小贴士
商品体验指数介绍

（7）商品体验指数。商品体验指数（PXI）是根据商品负反馈、发货物流、售后服务等维度对商品提供的服务体验水平进行的评定，得分区间为 0~100 分。商品体验指数得分越高，越有利于商品排名。

（8）收藏率和加购率。收藏量和加购量从侧面反映了网店或商品的受欢迎程度。收藏率是收藏人数与访客数（Unique Visitor, UV）的比值，加购率是将商品加入购物车的人数与访客数的比值。收藏率和加购率的提升，意味着网店转化率有提升的潜力，也会提升网店或商品的排名。

（9）上下架时间。在淘宝网，商品即将下架时其排名会提升和获得更多的展示机会。不同商品上架要分时段，这样才可以保证商品在一天的不同时段都有展示。在交易高峰时段，卖家最好能在线提供服务。

小贴士
淘宝网的"千人千面"
　　根据淘宝网的"千人千面"排名算法，不同的买家搜索同样的关键词，淘宝网展现的商品排名是不一样的，一般第一名的位置是不变的，其他的商品排名都会针对不同的人群进行匹配，卖家可以利用这个机制，找出商品的对应人群，进行商品优化。

6.2 优化商品标题

6.2.1 关键词的类型

商品标题一般是由若干关键词组合而成的，长度最多为 30 个汉字（60 个字符）。商品标题优化的目的是使商品标题符合买家的搜索习惯以及提高商品被搜到的概率，卖家可以尽可能地组合各种与商品相符的长尾关键词。根据不同的分类法，关键词可以分为不同类型。

1. 按照买家搜索的特征分类

按照买家搜索的特征，淘宝网的关键词可以分为如下几类。

（1）核心关键词，是指商品的名称或俗称。在商品有多种习惯称呼的情况下，可以多设几个核心关键词，以满足更多人的搜索需求。例如，马铃薯、土豆、洋芋、potato 指的是同一种食物，卖家就可以选择其中一两个习惯称呼作为该商品的核心关键词。

核心关键词也可分为精准核心关键词和模糊核心关键词。比如，"牛肉干"就是一个精准核心关键词，而牛肉干属于零食，"零食"就属于一个模糊核心关键词。如果某商品的可选关键词比较少，那么商品标题就可以兼有精准核心关键词和模糊核心关键词；如果商品的可选关键词比较多，那么建议多采用精准核心关键词。

（2）属性关键词，是指商品的风格、材质及颜色等与属性相关的词语。例如，对于服装来说，风格属性关键词包括"淑女""校园""韩版"等，材质属性关键词包括"纯棉""蚕丝"等。非标品行业会经常使用风格属性关键词，而标品行业则更多使用材质属性关键词。

（3）促销关键词，是指关于清仓、折扣、甩卖、赠礼等活动信息的关键词，这类关键词往往最容易吸引买家。因此，卖家经常推出各种促销活动，并将"特价""清仓""打折""大降价"等关键词体现在商品标题中，从而有效地吸引更多人的关注，提高商品和网店的浏览量。

（4）品牌关键词。如果卖家自己的品牌或者代理的品牌有足够的影响力，那么可以在商品标题中加入品牌关键词。品牌分为商品品牌和网店品牌，增加商品品牌关键词可以为买家提供更精确的搜索信息，而增加网店品牌关键词可以为买家提供一个具体、可记忆、便于查找的网店品牌，这对提高网店知名度和打造品牌都有现实的意义和显著的效果。

（5）人群关键词，是指商品销售中针对的目标人群，如"老人""小孩""青年""女性"等关键词。人群关键词经常在一些面向人群比较具体的商品中使用，如内衣等。

（6）功能（功效）关键词，是指描述商品的实际用处或效果的关键词。如"润肤""美白""补水"等一般在化妆品类商品中使用较多。还有一些功能性比较强的标品也经常使用功能（功效）关键词，如保温杯、空调、保鲜饭盒等商品。功能（功效）关键词在这类商品中属于必加词。

2. 按照竞争程度和搜索量的不同分类

按照竞争程度和搜索量的不同，淘宝网的关键词可以分为顶级关键词、二级关键词和长尾关键词。

（1）顶级关键词。顶级关键词是对商品的基本描述，如女装、男装、鞋靴、箱包、笔记本电脑等类目，其名称本身即为顶级关键词。这类关键词搜索量非常大，但是新手卖家很难通过顶级关键词获得较多的流量。

（2）二级关键词。二级关键词是对商品属性的介绍，商品材质、颜色、风格等都属于商品属性，一般由两三个词组成，搜索量大，相当于淘宝网下面列表中的词语（业内称之为"下拉词"，指在搜索栏中输入关键词后出现的联想词），如"旅行双肩包""落地电风扇""平跟凉鞋""碎花连衣裙"等都是二级关键词。新手卖家要尽量避免直接与大卖家在二级关键词上竞争。

（3）长尾关键词。长尾关键词是指能为网店带来搜索流量的非核心关键词，一般由三个及以上关键词组成，搜索量不大，但是可以给网店带来较大的流量，如"夏季平跟凉鞋""书包中学生男""女装夏装 2022 新款潮流套装女"。长尾关键词主要通过品牌关键词、人群关键词、功能（功效）关键词、行业关键词及通用关键词进行组合。新手卖家可以采用这类关键词制作商品标题。

商品标题一般是"长尾关键词+二级关键词+顶级关键词"的组合。顶级关键词、二级关键词受销量、信用、综合体验分、转化率、收藏量的影响大。长尾关键词搜索精准度较高，卖家可以通过生意参谋等找这类词。小卖家在选择关键词的时候，不要一味地追求搜索量排在前几名的词，可以找一些竞争小、搜索量较多的词，也就是卖家使用较少、买家搜索较多的词，这样可以避开那些热款商品。

6.2.2 关键词的来源

关键词是描述网店商品及服务的词语，选择适当的关键词是提高网店访问量的第一步。卖家可以通过以下途径来选择关键词。

（1）淘宝网搜索栏下面列表中的关键词。选择关键词的一个重要技巧是选取买家在搜索时经常使用的关键词。在淘宝网首页输入商品关键词，搜索栏会自动匹配最近搜索量大的关键词，有时买家也会选择搜索栏下面列表推荐的词语。例如，在搜索栏中输入"连衣裙"，会自动弹出一个列表，如图 6.7 所示，"连衣裙"为核心关键词，"连衣裙女"为二级关键词，"连衣裙 2022 秋季新款"为长尾关键词。

（2）搜索结果页"您是不是想找"中的关键词。图 6.8 中，矩形框所标记的"您是不是想找"中的词为搜索热词，即二级关键词，卖家可以适当对其中的词加以提炼，将其变为商品标题的关键词。

图 6.7　淘宝网搜索栏下面列表中的关键词

（3）销量高的商品标题中的关键词。在淘宝网搜索关键词时，默认是"综合"排序，卖家可以选择"销量从高到低"排序，这时排名靠前的商品的标题设置做得一般都比较好，可以从这些商品标题中获取关键词，如图 6.9 所示。

（4）生意参谋选词助手中的关键词。生意参谋是卖家专用数据分析工具，可以免费订购。进入生意参谋首页后，依次点击"流量"→"选词助手"可以打开图 6.10 所示的页面。通过选词助手，卖家可以快速查找关键词，验证和调整关键词投放策略；了解买家在店内的搜索行为，明确买家的需求；找到更多适合网店的可拓展关键词，用于调整广告投放策略、优化标题或品类规划。

图 6.8 搜索结果页"您是不是想找"中的关键词

图 6.9 销量高的商品标题中的关键词

图 6.10 生意参谋选词助手中的关键词

（5）万相台"流量解析"工具中的关键词。进入千牛卖家中心，点击"推广"→"关键词推广"，然后点击页面中的"前往万相台无界"，再点击"洞察"→"流量解析"，在"关键词分析"框中输入"黄小米"，点击"查询"后可以显示相关词推荐列表，如图6.11所示。

图6.11　万相台"流量解析"工具中的关键词

小贴士

淘宝网使用关键词的相关规定

淘宝网使用关键词的相关规定为：①标题中不能加入与商品无关的名字和功效陈述；②不能乱用与本商品无关的热推关键字；③不能使用非该商品制造或生产公司的品牌名称；④不得与其他商品和品牌相比较，标题中不得出现贬低其他商品和品牌的词语；⑤不能在标题中使用"最高""最好"等词语；⑥不允许在标题中添加对赠品、奖品的描述；⑦不能以任何理由在同一件商品的标题中使用多种属性关键词；⑧不得在标题中添加未获得的授权及未提供的服务等。

6.2.3　优化商品标题的注意事项

优化商品标题，一般要注意以下几个问题。

（1）应挖掘高搜索量、低竞争的长尾关键词。有时，在使用相关推荐词、系统推荐词进行搜索时，会发现有些商品的在售数量虽不多，但是搜索量却不小。这些高搜索量、低竞争的关键词通常能为网店引来不少流量，所以卖家要经常主动挖掘这些长尾关键词并将其应用到商品标题中。

小贴士

淘宝搜索引擎优化中常犯的错误

（2）商品标题应尽量突出商品的卖点。商品被买家搜到后，如果标题中没有直观展示买家需要的信息，就无法吸引其点击，这就相当于商品虽然获得了展示的机会，却没有有效提高点击率，从而无法实现销售。

（3）不宜频繁地修改标题。修改标题不能频繁，变化幅度也不能太大，以每周对局部词做一次替换为宜。通过生意参谋来监控商品，应重点关注的是标题中哪些关键词给网店带来了流量，哪些关键词连展示机会都没有带来，连续观察一到两周之后，就需要将没有带来展示机会的关键词替换为新的关键词,将能给网店带来流量的关键词保留。对于热卖的商品,修改其标题时一定要慎重,不要轻易改动标题。

(4)商品标题中空格的处理和紧密排列。如果标题中要加的关键词本身带空格,那么这个空格就可以保留,如果是两个独立的关键词,我们需要将其组合到标题中,加不加空格都可以。一般情况下,一个标题中最多可以出现两三个空格,这样能使标题显得紧密。

优化商品标题还应该注意紧密排列的原则。例如"无袖连衣裙"可以拆分为"无袖"和"连衣裙"两个关键词,而通常情况下,买家搜索"无袖连衣裙"时,系统会优先展现紧密排列的、关键词为"无袖连衣裙"的商品。

(5)要尽可能避免关键词内耗。一般来说,对于同一时间内的相同关键词,一个网店通常最多只能有两款商品排到展示的第一页,其他页面也有类似的约束。假如一家网店有五款连衣裙,销量接近,下架时间也比较接近,而且商品标题都包含"2022夏季新款",那么就会出现关键词内耗,可能会有三款商品的展示机会被浪费。为此,卖家应挑出其中的三款商品,修改其标题中的关键词,不采用"2022夏季新款",不与另外两款商品发生关键词内耗,这样有助于获得更多的展示机会。因此,品类相同、下架时间接近、销售权重接近的多款商品,如果拥有相同的关键词,卖家应适当替换掉一些关键词,以获得更多的展示机会。

(6)制作商品标题时不可刻意追求"标准化"。制作商品标题时,应尽量让标题生动、自然一些,不可刻意追求"标准化",否则不利于为买家带来个性化的购物体验,会影响商品的转化率和复购率。

(7)标题优化应与属性优化、上下架时间优化相配合。为了达到更好的效果,标题优化应与属性优化、上下架时间优化相配合,且标题不能一成不变,应根据流量情况进行反复测试。

📖 **小贴士**

问:商品标题中关键词位置的变动对搜索权重有影响吗?

答:商品标题中关键词位置的变动对搜索权重没有影响,修改标题时,可以变更关键词的位置。

6.3 其他类型的优化

6.3.1 类目优化

淘宝网、天猫的类目是指为适应买家有针对性地选购各种各样的商品而对商品做出的分类,同时也能对网店起到规范和引导作用。

淘宝网商品的搜索,大部分是通过输入关键词来进行的,还有很多买家根据商品的类目进行搜索,或者将关键词和类目相结合,先用关键词找出相关商品,再通过类目做进一步的筛选。

1. 按照淘宝网、天猫类目优选原则发布商品

淘宝网、天猫掌握着大量的数据，可以根据数据统计出买家在搜索某些关键词时侧重购买哪个类目下的商品。同时，淘宝网、天猫也能够清楚地统计出该关键词对应的商品每天在哪个类目下成交量最多，从而将该类目作为优选类目。

比如，在淘宝网、天猫搜索关键词"连衣裙"时，会发现搜出来的结果无论是自然搜索结果页面，还是右侧和底部的关键词推广商品展示，几乎都是女装，而不是童装或其他服装。实际上，"连衣裙"不仅属于"女装"类目，也属于"童装"类目，因为"童装"类目下也有"儿童连衣裙"。但是，因为"女装"类目下的"连衣裙"成交量最大，所以搜索引擎会优先匹配"女装"类目，而且搜索出来的商品也全部是女装，如图 6.12 所示。

图 6.12　在淘宝网首页搜索"连衣裙"出现的页面

当然，如果买家希望购买"儿童连衣裙"，那么在搜索栏中搜索"儿童连衣裙"，出来的结果几乎都是"童装"类目下的商品。

再如，要发布一款孕妇连衣裙，选择类目时应选择"孕妇装"还是"女装"呢？实际上，在淘宝网、天猫的搜索栏中搜索"孕妇连衣裙"时，系统推荐的第一类目是"孕妇装"下的"连衣裙"（见图 6.13）。假如把"孕妇连衣裙"放在"女装"类目下，商品即使很好，也难以被展示。

图 6.13　"孕妇连衣裙"类目的选择

一般而言，发布商品时，如果不确定商品属于哪个类目，可以用一个精准的关键词在搜索栏中进行搜索，然后选择系统推荐的排名第一的类目。另外，商品所属的类目往往是分级的，为此，要从一级类目开始，一级一级地正确选择，确保类目层次准确、清晰。

2. 避免类目、属性设置错误

由于淘宝网的类目众多，新手卖家很可能因为搞不清楚而选错商品的类目和属性，也有部分卖家故意错放商品类目，希望以此获取更多的流量。不管是出于哪种原因选错商品的类目或属性，都会给商品带来负面影响，甚至使商品被降权。

（1）类目与商品不相关。这种情况最直接的影响就是在淘宝网搜索商品的标题时找不到该商品。

（2）属性设置有误。例如，一个卖家售卖手机，在进行商品编辑时，属性里有多个内存选项，如设置有误，该商品就有可能被降权。

（3）类目划分不清晰。在为商品划分类目时，卖家首先要明确商品是给谁用的，要考虑其使用的场景，以及对应的使用人群。此外，建议卖家将有辨识度的信息放在商品标题中，如商品名称、品牌名称、型号等。一般来说，标题中包含的信息越多，越有利于买家进行选择。

很多卖家在选择类目的时候比较随意，没有从根本上认识到类目选择的重要性。实际上，卖家在后台上传商品的时候，类目准确度越高，商品属性填写越完善，商品排名就越靠前，越容易被买家精准搜到，从而增加网店流量。

6.3.2 商品属性优化

商品属性的优化直接影响其转化率。

6.3.2.1 商品属性优化的原则

（1）必须正确。填写商品属性时，不能写错。

（2）必须齐全。淘宝网所给的属性栏要全部填写完整，不能空着。

（3）必须含有关键词。商品属性中一定要含有关键词，如"短裙女白色""短裙""白色"就是商品属性关键词。

📖 **小贴士**

正确填写商品属性的重要性

①淘宝网、天猫搜索引擎调用的参数主要是标题，其次就是商品属性；②从淘宝网首页的类目进去看到的商品，有的标题中并没有包含类目词，但同样能被展示出来，就是因为商品属性中有该类目；③淘宝网搜索引擎会选取相应类目中具备某些属性的商品，然后进行排序，如果商品属性填写不完整或者填写错误，就会导致商品在淘宝网搜索引擎按类目调用时被遗漏，这样商品就失去了按类目展示的机会。

6.3.2.2 商品属性优化的注意事项

卖家在开始销售商品前，必须清楚地了解该从哪些方面去分析商品的属性，在商品发布页面列出对应的属性，如图6.14所示。卖家可根据自己对商品的了解列举属性，属性要尽量列全。

图 6.14　填写商品属性

商品属性优化的注意事项如下。

（1）商品属性填写的准确程度，以及与市场的匹配程度，会影响其搜索排名，从而影响访问流量。因此，淘宝网、天猫的卖家要努力优化商品属性。下面举例说明商品属性优化的技巧。比如，发布一款孕妇连衣裙时，在其属性栏中可加入"韩版、欧美、休闲、原创设计"等风格，卖家要根据实际情况分析并选择。如果网店整体风格是韩版，那么服装属性一栏可以填写韩版；如果网店没有明显的风格，只是想知道填写什么样的属性对搜索有利，能够带来更多的流量，那么就需要进行数据分析了。比如，可以分析在淘宝网、天猫上搜索"孕妇连衣裙"的买家喜欢哪种服装风格。通常情况下，哪种风格被搜索得越多，就意味着在其他条件不变的情况下，哪种风格获得的流量更多。

（2）填写商品属性时，不必一味追求搜索量大的属性关键词，而是要选择适合自己商品的属性关键词。这是因为，搜索量越大的属性关键词，竞争越激烈，所以如果卖家要选择热门关键词，就要有足够的条件争取到较高的权重。相对而言，有些关键词搜索量小，竞争也不那么激烈。具体选用哪种属性关键词，卖家应根据市场及自己的情况来决定。

6.3.3　商品上下架时间优化

商品上下架时间是影响商品排名的因素之一，越临近下架的商品，排名越有可能靠前。对于小卖家或者新开设的网店而言，受成本和网店等级的影响，很多推广活动都无法参加，此时设置商品上下架时间就成了获取商品流量非常有效的手段。针对新品，淘宝网有流量扶持政策，新品更有可能排在前面。卖家一定要抓住上下架时间点做好网店的营销活动，提高网店的流量和转化率。

6.3.3.1　分析商品的上下架时间

1．根据不同的消费人群分析最佳的商品上下架时间

在进行网络购物时，不同的消费人群会有不同的消费习惯和消费时间。卖家通过分析某行业商品每天和每周的访问高峰，可以基本确定消费人群的主要购物时段，从而有针对性地设置商品的上下架时间，以引入更多的有效流量。如目标消费人群为上班族的商品，其销售高峰一般是上班休息时间和下班后的时间，在这两个时段里，商品的有效流量最多。淘宝网提供了很多经营数据分析工具，利用这些工具均可对买家年龄、性别、消费时间等进行分析，从这些分析工具中提取的数据即可作为设置商品上下架时间的依据。

2．分析行业上下架情况与网店上下架情况

分析行业上下架情况主要是为了避开实力强劲的竞争对手，有针对性地规划商品的上下架时间。热门行业中的中小卖家在市场中的竞争力比大卖家弱，如果商品上下架时间与大卖家一致，则很可能在临近商品下架时无法获取靠前的排名，因此通过分析大卖家的商品上下架时间，中小卖家可以避开与其正面竞争。如果是竞争力较强的卖家，则可参与流量高峰期的竞争，以实现流量的最大化。

6.3.3.2　优化商品上下架时间的技巧

卖家为了更多地引入流量，需要将商品的上下架时间设置在目标买家的主要消费时段，同时要避开流量极少的时段。除此之外，还可通过一些技巧来优化商品的上下架时间，以更好地获得流量并留住有效流量。

1．商品上下架周期

淘宝网的商品上下架周期为 7 天，即从商品上架开始计算，7 天后即为商品下架的时间，如果商品的销售情况正常，淘宝网会继续自动上架该商品。由于淘宝网卖家的数量非常庞大，同一时段下架商品数量众多，或者卖家将下架时间设置得不合理，导致部分商品就算设置了下架时间，也无法获得良好的展示机会，此时就需要优化商品的上下架时间。

例如，某卖家在周五 11:30 发布了一件商品，那么到下周五的 11:30 即为一个周期。假如自发布之日起，自然搜索每天能带来 60 个访客，那么临近下架时间时，在不考虑其他因素的情况下，该商品会展示在其他商品前面。当然，在实际的商品排名中，搜索引擎会综合考虑各种因素，但是上下架时间是其中重要的一个方面。

2．将商品上下架时间设置在流量高峰时段

一般来说，淘宝网周一、周五两天的流量最大，因此很多卖家都把商品设置在周一或周五上下架。另外，卖家还需要了解每天目标买家上网的主要时段，如 8:00—12:00、14:00—17:00、20:00—22:00 均为访问量较大的时段。当然，具体时间安排应以本行业目标消费人群的活动时间为依据。

3．合理分配商品上下架时间

在设置商品上下架时间时，一般以引流商品为主，然后合理分配其他商品的上下架时间。注意，网店商品不要在相同或者较短的时段内全部上下架，最好合理分布在一周中分批上下架，以使网店在一周中能保持稳定的搜索排名。

4. 将商品上下架时间与竞争对手错开

高峰时段的流量多，但是众多的卖家一窝蜂地选择在高峰时段上下架商品，这就意味着每家网店平均获得的流量不会很多。按照淘宝网展现规则，当关键词被搜索时，最多可以展现两款同店商品。为了让同类商品获得更多展现机会，同类商品也应分开上下架，上下架时间不要过于集中，从而获得更多的流量。同时，卖家还要分析竞争对手，比如，若本店的"爆款"跟竞争对手的"爆款"存在差距，就要主动将其上下架时间和竞争对手错开，以免受到影响；若本店"爆款"已经是行业内的"爆款"，那么就要将其调整到流量最大的时段上下架，从而获得尽可能多的流量。

一般来说，选择整点上下架商品的网店较多，如果同类商品的卖家数量众多，可能会减少商品的展示机会，因此建议避开整点上架。

注意：商品上下架时间不要轻易改动，否则会影响商品临近下架时间时的权重，并会对其排名有影响。因为很多类目的商品的下架时间是影响排名的重要因素，所以对下架时间的优化，也一定要在上架之前完成。

📔 本章小结

网店的搜索引擎优化对提升网店自然搜索流量起着至关重要的作用。本章从淘宝网的自然搜索规律、优化商品标题、其他类型的优化等方面介绍了网店搜索引擎优化的相关知识，旨在让读者掌握网店搜索引擎优化的方法和技巧，有效提升网店的流量和转化率。希望读者通过本章的学习，可以有效地为网店引入流量，提升转化率，最终提升网店的销售额。

📔 课后习题

一、名词解释

网店 SEO　跳失率　动销率　滞销率　商品权重　点击率　转化率　纠纷退款率

二、单项选择题

1. 淘宝网店的 SEO 主要是（　　　）。
   A. 淘宝网的站内优化　　　　　　　　　B. 淘宝网的站外优化
   C. 网店在淘宝网内的搜索排名提升　　　D. 网店在淘宝网外搜索引擎的排名提升

2. 计算淘宝网店的动销率，一般以（　　）为一个周期。
   A. 30 天　　　　　　B. 90 天　　　　　　C. 10 天　　　　　　D. 60 天

3. 计算淘宝网店的滞销率，一般以（　　）为一个周期。
   A. 30 天　　　　　　B. 90 天　　　　　　C. 10 天　　　　　　D. 60 天

4. 新手卖家最好选择（　　）关键词。
   A. 顶级关键词　　　B. 二级关键词　　　　C. 长尾关键词　　　　D. 类目关键词

5. 一般来说，对于相同时间内的相同关键词，一个网店在同一页面中最多有（　　）商品能被搜到。

    A．不固定   B．1 件   C．2 件   D．3 件

6．纠纷退款率是指（   ）内纠纷退款笔数占成交笔数的比例。

    A．30 天   B．90 天   C．10 天   D．60 天

7．商品上下架周期为（   ）。

    A．7 天   B．14 天   C．30 天   D．90 天

8．下面的关键词中，属于"二级关键词"的为（   ）。

    A．双肩包   B．旅行双肩包

    C．旅行双肩包女轻便   D．旅行双肩包女 2024 新款

三、多项选择题

1．淘宝网的 SEO 应主要优化（   ）。

    A．类目   B．商品上下架时间   C．标题   D．属性

2．淘宝网排名规则中的"相关性"主要包括（   ）三个方面。

    A．类目相关   B．属性相关   C．标题相关   D．图片相关

3．（   ）对搜索权重是有帮助的。

    A．停留时间长   B．无跳失   C．上下浏览   D．快速浏览

4．影响网店权重的因素有（   ）

    A．跳失率   B．消费者保障服务 C．回头客   D．综合体验评分

5．下面的关键词中，属于"长尾关键词"的为（   ）。

    A．凉鞋   B．平跟凉鞋

    C．平跟凉鞋女夏季新款   D．平跟凉鞋女夏 2023 新款

四、判断题

1．优化商品标题时，不宜频繁地修改标题，变化幅度也不能太大。   （   ）

2．商品标题中关键词位置的变动对搜索权重有影响。   （   ）

3．新手卖家可以通过顶级关键词获得较多的流量。   （   ）

4．动销率为 60%是及格线。   （   ）

5．编写商品标题时，要尽量追求"标准化"。   （   ）

6．商品标题中某个关键词带空格和用文字隔开的效果是一样的。   （   ）

7．淘宝网店做促销时，可以在商品标题中添加对赠品、奖品的描述。   （   ）

8．很多卖家在选择类目时，如果不知道该放在哪个类目，可选择"其他"类目。（   ）

9．填写商品属性时，不必一味追求搜索量大的属性关键词，卖家要选择适合自己商品的属性关键词。   （   ）

10．越临近下架的商品，排名越有可能靠前。   （   ）

11．网店的多种商品可以在相同或者较短的时段内上架。   （   ）

12．商品上下架时间不能轻易改动。   （   ）

五、简答题

1．简述淘宝网自然搜索的原理。

2．影响网店权重和商品权重的因素分别有哪些？

3．你如何理解上下架时间对商品排名的影响？简述优化商品上下架时间的技巧。

4．淘宝网搜索引擎筛选商品共分为哪几步？

5．淘宝网搜索引擎包括哪些处罚重点？请对其进行简要分析。

实训任务

实训任务一：分析影响商品排名的因素

在淘宝网搜索自己网店中的商品，然后分析下面问题的原因。

1．如果有的商品搜不到，请分析其原因。

2．如果有的商品能搜到，但排名靠后，请分析其原因。

实训任务二：商品标题的优化

1．为自己淘宝网店的某一商品编写有利于在淘宝网被搜索到的标题，灵活组合三种级别的关键词，并说明标题中每一个关键词的类型。

2．用生意参谋或其他查找关键词的工具或方法，查找上面编写的商品标题中的每一个关键词，说明关键词选择是否合理，如果不合理应该如何优化。

实训任务三：类目优化与属性优化

1．查找自己的淘宝网店中的某一款商品，分析其类目放置是否合理，如果不合理应该如何优化。

2．在淘宝网发布"孕妇连衣裙"商品，分析为什么不能放在"连衣裙"类目下发布，应该放在哪个类目下发布？用截图的方法来分析说明。

3．如果要发布"孕妇连衣裙"，应该如何选择属性（用截图的方式表示）？请说明为什么这样选择。

视野拓展

如何提高淘宝搜索排名

如何用内容营销来驱动长尾词搜索引擎优化？

标题优化的法则

第7章 网店营销和推广

【知识框架】

【学习目标】

1．学会在淘宝网店内设置营销活动。

2．学会在淘宝网推广淘宝网店和商品。

3．学会利用其他网站推广淘宝网店和商品。

网店的营销是指买家上门后，利用有效的促销宣传手段促成交易，简单来说就是要让买家"选择我们"。网店的推广是指通过一定的媒介有计划地进行网店传播的活动，简单来说就是要让买家"知道我们"。网店营销与推广首先面临的就是流量问题，网店的流量即网店的访问量，它直接影响网店的销量。

对于网店而言，其流量主要有站内流量和站外流量。有了流量以后就要考虑如何提升网店转化率，提升网店转化率的途径主要是做网店营销。

7.1 网店营销

网店营销主要用于提升网店转化率、网店销量、客单价和网店复购率等。网店营销包括创建店内营销活动和参加平台营销活动两种方式。店内营销活动是运营网店时不可缺少的营销活动，按时间长短可分为三种，即短期活动（常见的为 1～3 天，最多不超过 1 周）、中期活动（一般为 15～30 天，最多不超过 90 天）、长期活动（常年进行的一些活动，如 VIP 活动等）。平台营销活动一般包括聚划算、天天特卖、百亿补贴和淘宝好价等活动。

7.1.1 营销工具

店内营销活动就是以品牌推广、新品预售、清仓处理、积累买家为目的，以节日、事件为载体，通过限时打折、满就送、赠送优惠券、包邮等手段有计划实施的一系列促销活动。店内营销活动通过营销工具来实现，常用的营销工具如下。

7.1.1.1 营销工具类型

1. 官方营销工具

淘宝网的千牛卖家中心提供了一些营销工具，如优惠券、单品宝、店铺宝、搭配宝等。按"千牛卖家中心"→"营销"→"营销管理"→"营销工具"的顺序点击，即可看到这些营销工具，如图 7.1 所示。

图 7.1 官方营销工具

2. 服务市场提供的营销工具

进入千牛卖家中心，点击"服务"进入服务市场，选择"场景推荐"→"推广营销"→"营销管理"→"促销工具"，如图 7.2 所示。在出现的页面中可以选择订购合适的促销工具进行店内营销，如美折促销、欢乐逛、促销宝、火牛、掌中宝等。

图 7.2   促销工具列表页面

点击"服务中心"进入相应页面，在搜索栏中输入关键词进行搜索，可以找到对应的服务工具，例如输入"促销工具"，将出现图 7.3 所示的页面。在这些促销工具的使用上，B 店和 C 店是有明显差别的，一般淘宝网官方提供给 B 店卖家的促销工具是免费的，而提供给 C 店卖家的大部分工具是收费的，C 店卖家在购买之前可以选择试用版进行体验。

图 7.3   服务市场搜索促销工具

7.1.1.2   官方营销工具的应用

官方营销工具主要有店铺引流工具、提升转化率工具、提升客单价工具、复购工具等（见图 7.1）。其中，店铺引流工具包括优惠券、裂变优惠券和顺手买一件；提升转化率工具包括单品宝、赠品、关注立减、客服专属优惠、评价有礼；提升客单价工具包括店铺宝、搭配宝、N 元任选；复购工具包括订单复购券等。选择相应的工具即可创建各种促销活动。以下介绍部分官方营销工具的应用。

1. 优惠券

优惠券是一种虚拟的电子券，卖家可以在不用现金充值的前提下针对新买家或者不同等级的会员发放不同面额的优惠券。卖家还可以通过优惠券向买家提供一些优惠措施，如包邮等。所有优惠券的创建及设置都是通过官方营销工具"优惠券"来实现的。

优惠券包括以下两种：①商品优惠券，定向优惠，买家购买特定商品可凭券抵扣现金；②店铺优惠券，全店通用，买家购买全店商品可凭券抵扣现金。图 7.4 为某店铺优惠券的页面，买家"领券购买"，然后按"券后"价格支付。

图 7.4　某店铺优惠券的页面

小贴士

裂变优惠券

裂变优惠券是以"邀请领券"的形式来吸引网店新粉丝和新买家的，适合好友社交传播，是拉新引流"神器"。例如，买家抽中裂变优惠券的大额父券后，被告知只有分享给 3~5 个好友才能领取，于是将其分享给好友，被分享的好友点击或复制分享的优惠券链接或淘口令后，打开淘宝，进入店铺，获得子券，并参与"分享得大额券"活动，再次发起共享，继续裂变触达 3~5 位好友。裂变优惠券建议设置为店铺优惠券，这样其分享范围和使用范围会更广；如果设置为商品优惠券，则一定要选择应用于"爆款"商品。

2．顺手买一件

顺手买一件是指买家在满足卖家或者平台设置的消费门槛后，在卖家下单页的平台公域可以用优惠的价格购买包邮商品的营销活动。顺手买一件分为同店活动和跨店活动，如果是跨店活动在展示端商品标识出"某某店铺"。图 7.5 所示为顺手买一件促销活动页面。

图 7.5　顺手买一件促销活动页面

顺手买一件活动要求商品包邮，卖家不用单独设置商品包邮，同店活动时如主订单有邮费将会正常收取，仅是顺手买一件活动商品的运费模板不生效。

如：①同店活动。小明拍下了 100 元商品，邮费 6 元，同时勾选了 9.9 元的顺手买一件活动商品，则实际支付的是商品 100 元+正常邮费 6 元+顺手买一件活动商品 9.9 元，总计 115.9 元。②跨店活动。小明拍下了 A 家 100 元商品，邮费 6 元，同时勾选了 B 家 9.9 元的顺手买一件活动商品，则实际支付给 A 家 106 元，B 家 9.9 元。

3．单品宝

单品宝是淘宝网提供给卖家的一种商品折扣促销工具，利用此工具卖家可以在自己网店中选择商品，在一定时间内以低于日常价的价格进行促销。单品宝可支持商品级和 SKU 级的打折、减钱、促销价。

单品宝具有如下功能。

（1）活动创建。借助单品宝可以设置促销时段，并精确到秒；优惠级别有商品级和 SKU 级，优惠方式包括打折、减钱、促销价等，图 7.6 所示为单品宝促销活动的设置步骤。①活动基本信息设置步骤，如选择活动标签的"日常活动"→"常用"→"新品促销"；②选择活动商品；③设置商品优惠，完成单品宝设置。图 7.7 所示为单品宝"新品促销"活动。

图 7.6　单品宝促销活动的设置步骤

图 7.7　单品宝"新品促销"活动

（2）活动管理。借助单品宝可以设置已暂停、未开始、进行中、已结束、已删除等五种活动状态，还可以重启已结束的活动。借助单品宝还可以修改商品的优惠信息。

（3）数据效果分析。支持参加活动商品的基础数据分析，包括较前一日的支付件数、支付买家数、支付金额、客单价等的分析。

4．店铺宝

店铺宝支持创建部分商品或全店商品的"满件打折""满元减钱"等条件，是提升客单价和人均购买件数的网店级优惠工具。

店铺宝具有如下功能。

（1）活动创建。满减活动起始时间精确到秒，优惠内容包括满件打折、满元减钱、送优惠券、送权益等，优惠对象可选为定向人群等。

（2）活动管理。店铺宝支持活动状态筛选、活动名称搜索，可重启已结束的活动以及暂

图 7.8 店铺宝"满件打折"
活动的页面

停进行中的活动等。

（3）活动数据分析。店铺宝支持参加活动商品的基础数据分析，包括较前一日的支付订单数、支付买家数、支付金额、人均支付件数等的分析。图 7.8 所示为店铺宝"满件打折"活动的页面。

5. 搭配宝

搭配宝即"搭配套餐"，为商品关联搭配工具。搭配宝加入了智能算法，用以推荐合适的搭配商品，提升客单价和转化率。"搭配套餐"是将几种商品组合设置成套餐来销售，通过促销套餐让买家一次性购买更多商品。套餐包括自选商品套餐和固定组合套餐两种类型。此工具目前无法应用于虚拟类商品。图 7.9 所示为某网店搭配宝活动的页面截图。

搭配销售的注意事项如下。

（1）一个套餐最多可以同时搭配五件商品，套餐中每件商品都可以由买家评价。

（2）套餐的总价要低于单件商品原价的总和。如果套餐的总价高于单件商品原价的总和，系统将自动按原价总和销售。

（3）套餐中的商品关联性要强。关联性不强的商品进行强制搭配不仅销售结果不会太好，还可能会降低买家的购物热情。

图 7.9 某网店搭配宝活动的页面截图

6. N 元任选

N 元任选是一种凑单型的新营销方法，将单价相近的商品加入活动商品池，组成固定优惠价，如 99 元任选 3 件。N 元任选对买家来说，可以固定价格购买一组商品，灵活性强，更好凑单；对卖家来说，可提升人均购买件数和人均购买单价。图 7.10 所示为某网店 N 元任选活动的页面。

7.1.2 淘宝平台活动

淘宝平台活动是网店流量的重要来源之一，无论是收费的还是免费的，网店一旦参加，都将获得巨大的流量。

图 7.10 某网店 N 元任选活动的页面

卖家依次点击"千牛卖家中心"→"营销"→"营销活动"→"活动报名"进行淘宝平台活动报名，可以看到平台正在进行的活动，如图 7.11 所示。选择"可报活动"，可以筛选出网店能参加的淘宝网的营销活动。从中选择合适的活动点击"立即报名"，然后进入此活动的介绍页面点击"去报名"（见图 7.12），按照"签署协议"→"基础信息设置"→"商品提交"的顺序完成商品活动报名。

图 7.11　营销活动页面

图 7.12　某营销活动介绍页面

7.1.2.1　淘宝活动的类型

在图 7.11 中可以看到，淘宝网的活动有以下三种类型。

1．"大促爆发"

"大促爆发"的营销场景主要有官方大促、聚划算、天天特卖，其中聚划算既属于"大促爆发"活动，又属于"常态营销"活动。

（1）官方大促。淘宝网官方大促最重要的有传统营销节点（"6·18""双 11"）、节日（妇女节、春节）等。活动流量扶持一般包括淘系站内资源（含手机端和电脑端）、阿里生态资源（如支付宝、优酷、高德等）、外部媒体资源、线下媒体资源、电视广告资源等。

（2）聚划算。聚划算是淘宝网的团购频道。一般来说，聚划算的活动包括商品团、品牌团、聚名品、聚新品、品牌清仓等，参与的商品类别有美容类、彩妆类、女装类、男装类、男鞋女鞋类、配饰类、箱包类、金银珠宝类、母婴类、保健品类、食品类、大型运动器械类、家居家纺类、汽车用品类，几乎囊括所有淘宝商品。

（3）天天特卖。天天特卖联合源头供应商提供高性价比商品，意图打造一个"C2M 智能中台""天天特卖定制工厂"，其目标是成为新制造的生态服务平台。一方面，天天特卖根据阿里巴巴所积累的数据对产品销量进行预测，从而对工厂产能做出判断，以避免产能过剩；另一方面，结合菜鸟、阿里云、1688等阿里系业务，为中小工厂提供仓储配送、云计算、小微贷款等服务。

参加天天特卖的活动商品可在天天特卖频道、猜你喜欢、淘金币、站外投放渠道享受面向性价比人群的流量扶持。手机淘宝天天特卖有两种进入方式：一种是点击手机淘宝首页"天天特卖"直接进入，如图7.13所示；另一种是手机淘宝搜索栏中输入"天天特卖"，就可以看到天天特卖入口（天猫App和电脑端暂不支持），如图7.14所示。

图7.13　手机淘宝首页"天天特卖"入口

图7.14　搜索进入"天天特卖"

2．"常态营销"

"常态营销"的营销场景主要有行业活动、聚划算、百亿补贴、红包签到、淘宝省钱卡、特价版等，点击进入相应的营销活动，查看报名条件，符合条件的网店均可报名参加。

（1）行业活动。行业活动主要指类目频道和类目主题的活动。每个一级类目都有属于自己的频道，频道内会有固定的频道活动及不定期的主题活动。

（2）百亿补贴。百亿补贴是指平台或卖家在供货价基础上给买家一定的让利以打造全网低价，活动类型包括百亿补贴1天团、百亿补贴3天团、百亿补贴7天团等。参加百亿补贴商品附带正品保障、买贵必赔、运费险、坏单包赔等服务，同时服务时效、物流时效满足活动规定的时效要求。直接登录手机淘宝后，在搜索栏中输入"百亿补贴"，就可以看到百亿补贴入口（天猫App和电脑端暂不支持）。

3．"主题营销"

"主题营销"活动是淘宝平台从买家需求出发，以事件、人群、热点为策划内核的营销活动，包含节日节庆、趋势品类、行业事件、品牌事件线、热点快反等五大主题营销赛道，旨在联动商家共同促进买家需求的持续激发，提升平台丰富性。参与"主题营销"活动的商品主要分为两种：一是商家自主报名商品，为内环商品（可以在活动会场展示）；二是平台自动圈选商品，被圈选中的商品仅为打标商品，为外围商品（不会在会场中进行展示）。

7.1.2.2　淘宝活动的报名条件

淘宝官方和第三方平台为卖家提供了一系列的活动，以帮助卖家提升流量、促进销售，但这些活动基本上都是有条件的。一般而言，这些活动对卖家的要求主要体现在以下几个方面。

1. 网店资质要求

网店资质包括开店的时间，B 店、C 店级别，参加买家保障计划，实物交易占比，店铺动态评分，违规级别要求等。由于 B 店是淘宝网重点扶持的对象，因此，绝大部分活动都对 B 店开放。而 C 店根据级别不同，能参加的活动也有差别。为了体现淘宝网对不同级别网店的照顾，一些活动仅限 B 店参加，而另一些活动仅限 C 店参加。

一般网店参加淘宝营销活动，在开店时长、店铺综合体验分、店铺动态评分、店铺等级、店铺综合排名等方面会有一定要求。

2. 商品要求

一般来说，淘宝网对商品近 30 天的销售数量和好评数量、参加活动商品数量、价格折扣及佣金等都有要求。

3. 无违规要求及发货时限要求

淘宝网的活动对网店和商品都有无违规要求及发货时限要求等。

7.1.3　淘金币营销

淘金币是手淘 App 的免费营销工具，包括淘金币全店抵扣、金币频道基础推广工具及淘金币活动等。点击"千牛卖家中心"→"营销"→"营销场景"→"淘金币"，可以进入淘金币卖家服务中心，如图 7.15 所示，开通淘金币工具后全店商品将立即支持最高 10% 淘金币抵扣优惠。

图 7.15　淘金币卖家服务中心

1. 淘金币工具

在淘金币卖家服务中心页面中部，可以看到主要的淘金币营销工具，如图 7.16 所示，点击"去看看"可以进入相应工具设置页面。

图 7.16 淘金币主要工具

（1）全店金币抵扣。卖家通过设置金币抵扣优惠让利消费者，获得手淘搜索、猜你喜欢、商品详情等醒目透标，可以吸引千万级淘金币高活用户下单。淘金币抵扣比例默认为 3%，也可以设置为 5% 或 10%。另外，卖家可以设置高比例折扣商品和不参加抵扣的商品。

（2）金币店铺粉丝运营。金币店铺粉丝运营对于拉新、增粉、推广商品等都是非常有益的，主要在金币频道进行推广，包括引导用户浏览 10 秒送金币、定向推广商品送金币、引导用户进直播间送金币的功能。

（3）直播亲密度工具。开通直播亲密度工具后，直播间将获得更高的流量权重。卖家通过发放淘金币奖励，引导用户更多参与直播间互动和购买。开通该工具的前提是先开通金币频道推广工具。

（4）金币频道推广。卖家用获得的淘金币在金币频道的搜索和信息流获取流量，推广商家店铺、商品、直播等，并按用户点击消耗淘金币。该工具要求卖家店铺信用等级需在 3 钻至 5 金冠之间才能开通。

（5）金币流量保障。该工具分为店铺保量和直播间保量两种形式，通过保量计划，卖家可以根据自己的需求，自由选择进店或进直播间的确定性展示机会，更好地为店铺或者直播间引流吸粉，通过短期流量提升，帮助店铺实现大促前"蓄水"及大促当日流量爆发。该工具要求卖家为天猫商家，已经开通金币频道推广工具，且金币余额大于 400 万。

（6）金币大额抵扣单品工具。商家报名后，平台会对商家报名商品叠加平台补贴，给予流量扶持。

2. 淘金币活动

在淘金币卖家服务中心页面的第三屏可以看到"淘金币招商活动"，如图 7.17 所示，点击"立即报名"可以查看相应的活动要求。

图 7.17 淘金币招商活动

7.2 推广工具

在竞争激烈的网店运营中，流量至关重要，只有保持店铺和商品的高曝光率，才能吸引更多的人关注商品，挖掘到更多的潜在客户。

7.2.1 流量来源

网店流量按来源不同主要分为站内流量和站外流量两大类。站内流量指由淘宝网本身带来的流量，是卖家主要的流量来源。站外流量是指从淘宝网以外的其他互联网平台获取的流量，如在微博、微信、抖音等站外媒体获取的流量。网店流量按是否付费主要分为免费流量和付费流量。

1. 免费流量

（1）淘宝搜索流量，指在淘宝网直接搜索商品进入网店的流量（卖家需要做好淘宝网店关键词的搜索引擎优化）。

（2）淘宝收藏流量，指从收藏内容进入网店的流量。

（3）淘宝管理后台流量，指从淘宝管理后台进入网店的流量，如已完成订单或者已将商品加入购物车未完成订单的买家等从相应订单进入网店。

（4）淘宝关注。淘宝关注是基于移动消费领域的入口，在生活细分领域，为买家提供方便、快捷、经济的手机购物服务。淘宝关注的核心是回归以买家为中心的淘宝活动，每个买家都有自己关注的账号、感兴趣的领域，他们通过淘宝订阅的方式获取相关信息和服务，从而为淘宝卖家带来免费流量。在此过程中，运营者与粉丝可以进行互动。

（5）淘宝直播、短视频流量，指淘宝直播、短视频带来的流量。

（6）社交流量，指社交媒体平台（如抖音、快手、微信等）带来的流量。

（7）淘宝其他网店流量，指从淘宝网其他网店（如友情链接的网店）进入的流量。

2. 付费流量

网店流量单纯靠自然搜索流量等免费流量远远不够，卖家还要通过付费推广工具获取流量。进入千牛卖家中心，按照"推广"→"推广中心"的顺序点击即可看到"阿里妈妈万相台无界版"的入口"立即体验"，如图7.18所示。推广服务中有关键词推广、人群推广、商品推广、消费者推广、活动引流等工具。

📖 **小贴士**

万相台无界版

2023年7月，淘宝网的万相台、引力魔方、关键词推广三大付费推广工具合并，全新升级为"万相台无界版"。"万相台无界版"包括关键词推广、精准人群推广、消费者运营、货品运营、活动场景、内容营销、店铺运营等七大核心场景，其中"关键词推广"对应"原直通车"，"精准人群推广"对应"原引力魔方"。"万相台无界版"可以一体化展示数据，也可实时监控各场景的数据变化。

点击图7.18中"阿里妈妈万相台无界版"右侧的"立即体验"，进入"万相台无界版"首页。新手卖家进入的"万相台无界版"默认是"极速版"，可以领取流量扶持特权、折扣券任务奖励，使店铺快速升级，新手卖家也可以切换到"无界版"享受更多功能。点击图7.19右上角的"极速版"切换按钮，显示极速版"关"即切换到无界版；显示极速版"开"即为极速版页面。

如图 7.19 所示，将鼠标指针悬浮在"推广"上方，可以看到七大核心营销场景，点击每一种营销场景可以进行网店推广活动的设置。点击图 7.19 右方的"立即充值"可以为推广活动充值，点击"账户明细"可以看到做推广活动的详细花费。

图 7.18　"万相台无界版"入口

图 7.19　"万相台无界版"首页

7.2.2　关键词推广

1. 关键词推广设置

登录淘宝网的千牛卖家中心，依次点击"推广"→"关键词推广"→"添加宝贝"，按照提示流程即可完成关键词推广设置。或者进入万相台无界版计划创建页面，切换至"无界版"，选择图 7.19 中的"推广"→"营销场景"→"关键词推广"，进入图 7.20。下面介绍万相台无界版"关键词推广计划"的设置步骤。

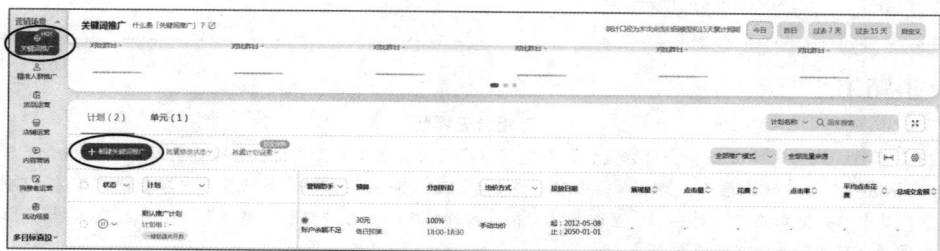

图 7.20　关键词推广

点击图 7.20 的"计划"→"新建关键词推广"，进入图 7.21"关键词推广"计划创建页面，有两种计划投放方式：场景投放、多目标直投。这里仅介绍场景投放的方式。

图 7.21　万相台无界版"关键词推广"计划创建页面（一）

（1）营销场景与目标。从关键词推广、精准人群推广、消费者运营、货品运营、活动场景、内容营销、店铺运营等七大核心场景中选择"关键词推广"。营销目标有搜索卡位、趋势明星、流量金卡、自定义推广四种目标，如图 7.21 所示。下面选择"搜索卡位"和"自定义推广"计划创建来阐述。

（2）搜索卡位。助推商品在搜索首条、前三展现。①选择卡位方案：核心词设置（即添加关键词）、添加宝贝、卡位方式（即抢头条、抢前三、抢首页、位置不限提升市场渗透）的选择。②设置预算：每日预算（大于等于 30 元，小于 2 000 万元）、周期预算（一个周期 7 个自然日，大于等于 210 元）。③设置基础信息：通过设置计划名称、高级设置（投放资源位/投放地域/投放时间）等设置基础信息。

（3）自定义推广。手动设置推广方式，如图 7.22 所示。

① 选择推广宝贝。选品方式有自定义选品、智能选品（原好货快投）。自定义选品是自主选择宝贝投放（自定义推广下叠加智能出价，相当于原智能出价）；智能选品是系统通过宝贝多维度特征及推广效果预估，动态优选营销目标下最优宝贝。选择"自定义选品"→"添加宝贝"，如图 7.22 所示。

图 7.22　万相台无界版"关键词推广"计划创建页面（二）

② 设置预算及出价。按每日预算、周预算、不限预算设置，如图 7.22 所示。一般建议每日预算大于等于 30 元，不超过 2 000 万元，出价方式有最大化拿量、控成本投放、控投产比投放和手动出价四种方式；每周预算大于等于 210 元，出价方式支持最大化拿量、控成本出价和控投产比出价三种出价方式；不限预算出价仅有手动出价一种方式；"最大化拿量"是在预算范围内，系统根据优化目标智能出价，最大化实现目标规模，投放效果按照成交金额、收藏加购、宝贝点击等因素来评估；"控成本投放"是系统根据优化目标智能出价，控制平均成本尽量小于设置成本，投放效果是按照直接成交、收藏加购、宝贝点击等因素来评估；"控投产比出价"是支持设置投入产出比（Return On Investment，ROI）目标，系统会尽可能优化计划，使投入产出比在预期目标内；"手动出价"（原标准计划）可自定义设置出价，成本可控，包括智能化均匀投放和标准投放等两种投放方式。

③ 设置宝贝推广方案。通过关键词设置、智能创意等设置推广方案。

④ 设置基础信息。设置计划名称、高级设置（投放资源位/投放地域/投放时间）等设置基础信息。

2. 关键词推广展示位

卖家设置与推广商品相关的关键词和出价，在买家搜索相应关键词时，所推广的商品即可获得展示机会和流量，实现精准营销，卖家按点击次数付费。

在淘宝网的搜索栏中输入关键词，点击"搜索"，带有"掌柜热卖"标志的商品为关键词推广商品，手机淘宝搜索结果中带有"广告"标志的商品为关键词推广商品。图 7.23 所示为电脑端搜索页面左侧、右侧和底部的关键词推广展示位。图 7.24 所示为手机端关键词推广展示位。

图 7.23　电脑端搜索页面左侧、右侧和底部的关键词推广展示位

图 7.24 手机端关键词推广展示位

3. 关键词推广扣费原理和商品排名规则

（1）开户预存。第一次开户预存 100 元起，加入时是预付款方式，预付款全部是未来可使用的推广费用。

（2）按点击次数计费。只有当潜在的买家点击推广信息后才进行扣费，单次点击扣费不会超过卖家所设置的出价。

（3）扣费公式：单次点击扣费=下一名的出价×下一名的质量分/自己的质量分+0.01 元。因此，自己的质量分越高，单次点击的费用越低。

（4）投入产出比是指卖家的某项商业活动的投资与得到的经济回报的比值。关键词推广的投入产出比=总成交额/关键词推广广告的花费。投入产出比越高，说明关键词推广效果越好。

（5）商品排名规则。关键词推广根据关键词质量分和关键词出价的综合得分确定商品排名。综合得分=质量分×出价。在同等出价的情况下，质量分越高，综合排名越靠前；在排名一致的情况下，质量分越高，单次点击价格越低。卖家都希望以较低的费用获得较靠前的排名，这时就需要提高质量分。

7.2.3 精准人群推广

"精准人群推广"为"原引力魔方"，是一款融合了"猜你喜欢""焦点图"的推广工具。"猜你喜欢"的信息流模式可以激发消费者需求，全面覆盖购前、购中、购后；焦点图决定了消费者进入淘宝平台的第一印象，覆盖了淘系全域人群。通过两者的有机结合，同时基于阿里巴巴大数据和智能推荐算法，"精准人群推广"能帮助店铺获得潜在目标消费者，激发消费者的消费兴趣，提升店铺整体流量，促进店铺生意增长。

1. 精准人群推广场景资源位

精准人群推广资源丰富，囊括了淘系核心渠道：手机淘宝首页焦点图、手机淘宝猜你喜欢推荐（位于首页、购物车页面、支付成功等页面）、高德、优酷、支付宝等淘内外核心资源。图 7.25 为手机淘宝购物车页面的猜你喜欢推荐位，图 7.26 为手机淘宝首页焦点图。

> 📖 **小贴士**
>
> 问：关键词推广与精准人群推广相比在展现上有何不同？
>
> 答：精准人群推广在展现上突破了关键词推广推荐场景，关键词推广只有商品推荐这一形式，精准人群推广则支持商品、图文、短视频、直播间等多种创意形式，更多地展示了推广场景，大大丰富了卖家内容化运营的场景，并增强了卖家与买家的互动。

图 7.25　手机淘宝购物车页面的猜你喜欢推荐位

图 7.26　手机淘宝首页焦点图

2. 精准人群推广设置

登录淘宝网的千牛卖家中心，依次点击"推广"→"人群推广"→"添加宝贝"，按照提示流程即可完成人群推广设置。或者登录万相台无界版计划创建页面，切换至"无界版"，"精准人群推广"创建步骤包括选择场景、计划组、解决方案、投放主体、人群设置、预算与排期、创意、创建完成等，如图 7.27 所示。下面仅简单介绍万相台无界版"精准人群推广"创建步骤中的解决方案和创意。

（1）解决方案。精准人群推广包括人群方舟、店铺宝贝运营、人群超市、特惠包等解决方案：①人群方舟用于店铺人群运营，提供拉新至转化的全链路人群培育路径，提升兴趣新客人数或首购新客人数；②店铺宝贝运营基于店铺宝贝特征，精准匹配兴趣人群，加速宝贝生命周期成长，促进宝贝成交、点击或加购；③人群超市基于生意成长目标挖掘行业优质人群，加速人群拿量（获得展现量、点击量、加购量、成交量等），提升人群渗透；④特惠包是限时福利，享受阿里妈妈官方补贴，是服务于中小卖家的智能投放工具，周期内（一般为 30 天）系统智能优化托管投放。

图 7.27　万相台无界版"精准人群推广"计划创建页面（部分）

（2）创意。创意是展现在平台用户面前的推广内容，包括文字、图片或者视频素材，是影响转化率的关键因素。创意版本包括极简版、打底创意、智能创意。其中极简版快速选择系统优选创意投放；打底创意可以使用商品主副图打底或使用系统生成的多种创意效果；智能创意是系统使用宝贝主副图及自定义创意，生成多种创意效果，自动适配不同资源位。

7.2.4　淘宝客

淘宝客是淘宝联盟（即阿里妈妈）的核心"商品"之一。淘宝联盟可通过搜索营销、展示营销、佣金推广及实时竞价等模式，依托大数据实现精准投放，帮助淘宝网卖家实现高效率的网络推广。同时，淘宝联盟也可为合作伙伴提供多元化的盈利模式，如淘宝联盟让广告作为商品呈现在交易市场中，方便广告主和网站主找到对方。

1.　淘宝客推广模式

淘宝客推广模式是一种按销售付费的推广模式，淘宝客只要从淘宝联盟的淘宝客推广专区获取商品代码，任何买家通过淘宝客的推广渠道（个人网站、博客或者社区发的帖子中的链接等）进入淘宝网店并完成购买后，就可以得到由卖家支付的佣金。图 7.28 所示为淘宝客推广模式。

图 7.28　淘宝客推广模式

2. 淘宝客推广设置

登录淘宝网的千牛卖家中心，依次点击"推广"→"淘宝联盟"→"查看更多数据"，进入淘宝客后台，如图 7.29 所示，点击"营销计划"→"添加主推商品"，然后设置佣金比例和推广时间，即可完成淘宝客推广设置。

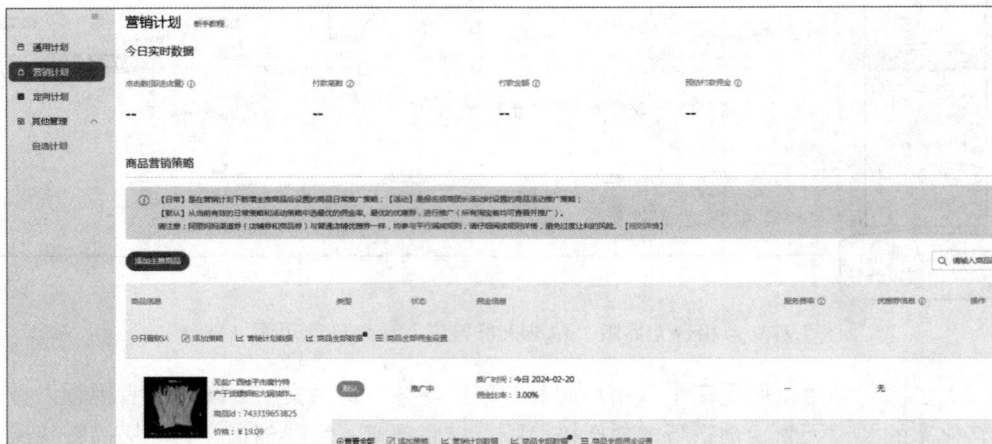

图 7.29　淘宝客后台

7.3　站外推广

站外推广是指利用淘宝网以外的其他互联网平台获取流量，如微博、微信等。

7.3.1　抖音短视频推广

在抖音 App 中，基本上都是以视频传递信息的，用户的目的主要是娱乐，商家则利用抖音短视频植入商品的推广信息，让用户在娱乐的同时点击商品的推广信息。抖音短视频可以缩短品牌与用户之间的传播路径，提高广告点击率。

1. 抖音短视频广告

目前抖音短视频广告主要有信息流广告、开屏广告、TopView 广告等。

（1）信息流广告。信息流广告是在抖音 App "推荐"页面内出现的广告，即在用户日常刷得最多的页面内穿插的广告。这种广告是在用户上下滑动观看短视频时，不定期插入的。广告页面底部有非常明显的广告标志和操作选项，如"查看详情""抢先报名"等。此时，用户如果对产品感兴趣，就会点击广告进一步了解该产品，进入"立即购买"或"参团"页面即可购买该产品。信息流广告可以是竖屏广告，支持分享传播，如图 7.30 所示。

（2）开屏广告。开屏广告即在抖音 App 启动时展现的广告，广告播放完毕后进入"推荐"页面。这种广告形式视觉冲击力强，可以是静态图片、动态图片、视频三种形式，可以帮助品牌实现较强冲击力曝光，但是其费用高，如图 7.31 所示。

图 7.30　抖音信息流广告

图 7.31　抖音开屏广告

（3）TopView 广告。TopView 广告以"开屏+首条信息流视频"的形式在前 3 秒全屏展示，品牌视频曝光时间为 10～60 秒，可多样化展示品牌信息，打造品牌的引爆式传播力。图 7.32 所示为 TopView 广告设计的产品路径和跳转逻辑。

（4）其他广告形式。抖音还有抖音挑战赛、固定位广告、搜索广告、贴纸等创意、互动类的广告形式，将内容分发与商业营销相结合以助力企业在抖音内形成营销闭环。

图 7.32　TopView 广告设计的产品路径和跳转逻辑

2．抖音电商

用户在抖音花费的碎片时间和整块时间可以转化为强大的购买力。用户在观看短视频的过程中处于放松的状态，在这种状态下非常容易产生购买行为。开通抖音小店和商品橱窗可以对淘宝网店进行推广。抖音电商相关内容在本书第 11 章详细介绍。

7.3.2　头条号推广

头条号是主要的信息流投放媒体之一，致力于帮助企业、机构、媒体和自媒体在手机端获得更多被推荐和关注的机会，实现品牌传播和内容变现。头条号可为今日头条提供原创内容，今日头条则通过智能推荐引擎对这些内容进行精准分发，使其获得更多曝光。

1. 头条号推广设置

（1）登录电脑端头条号，进行身份验证后，即可使用"文章""视频""微头条""问答""音频"等功能，如图 7.33 所示。

图 7.33　电脑端头条号创作者后台

（2）登录手机端今日头条 App，点击右上角的"发布"，即可选择微头条、文章、问答、视频、直播发布内容，如图 7.34 所示。

> 📖 **小贴士**
>
> **头条号、今日头条、今日头条极速版 App**
>
> 　头条号作者可以通过发布文章、视频、问答等方式来获取阅读量，然后赚取收益。
>
> 　今日头条 App（普通版）面向的是创作者，页面右上角有"发布"按钮，主要面向头条号、问答、微头条作者以及有阅读习惯的忠实用户。
>
> 　今日头条极速版 App 主要面向关注新闻资讯的用户，重在阅读，功能精简。

（3）选择撰写"文章"。登录电脑端头条号创作者后台完成文章编辑，在发文设置区选中"投放广告赚收益"，如图 7.35 所示，然后再进行收益设置，如图 7.36 所示。

图 7.34　手机端今日头条 App 创作者后台

图 7.35　在电脑端头条号后台完成文章编辑

登录手机端今日头条 App，完成文章编辑，点击编辑页面右下角的"设置"，进行广告设置选择。只有选择"头条广告"才有机会获得收益，选择"不投放广告"或"自营广告"则无法获得收益，如图 7.37 所示。

图 7.36　收益设置

图 7.37　今日头条 App 广告设置

（4）通过电脑端头条号创作者后台→"数据"→"收益数据"→"创作收益"，或通过今日头条 App→"我的"→"创作中心"→"收益提现"，可查看文章创作收益数据。

2. 头条号营销技巧

（1）优化关键词。系统需要通过识别标题关键词和正文关键词等来对文章特征进行分析，好的标题可以使系统识别更多关键词，并且识别更精准，从而实现个性化精准推荐。例如，一篇育儿类文章，如果标题和正文看上去都像旅游类文章，那么系统就会将其推送给对旅游类内容感兴趣的用户，文章的点开率和完读率就不会太高，如果文章的点开率和完读率很低，有效推荐量也就比较小。

（2）撰写合适的标题。标题应该体现一篇文章最核心、最吸引人的内容。在今日头条，如果其他因素恒定，点开率越高，则推荐量越大。影响推送的因素中，除点开率之外，系统对账号的综合判定也很重要。如果一个账号为了吸引用户的眼球而使用名不副实的标题，会严重影响用户体验，系统识别后会对账号内容自动过滤，该账号的推送量会受到很大影响。因此，文章作者应该恰如其分地拟定文章的标题。

7.3.3　其他站外推广

（1）腾讯广告是基于腾讯社交网络体系的效果广告平台。通过腾讯广告，买家可以在微信、QQ、腾讯视频、腾讯新闻、QQ 浏览器、腾讯音乐、优量汇等诸多平台投放广告，进行商品推广。作为主动型广告，腾讯广告能够智能地进行广告匹配，并高效地利用广告资源。

登录腾讯广告网站后，点击"广告资源"进入图 7.38 所示的页面。点击"登录"，企业广告主和个人广告主可在此投放相应的广告。

（2）微博广告，是基于微博粉丝，把企业信息广泛传递给粉丝和潜在粉丝的营销渠道，它会根据买家的属性和社交关系将信息精准地投向目标人群，同时，它也可以被转发、评论、收藏、点赞等。微博广告可以通过置顶商品推荐信息推荐商品，是一种付费的广告形式。

图 7.38　腾讯广告资源

（3）微播易是短视频 KOL（Key Opinion Leader，关键意见领袖）交易平台（见图 7.39）。微播易依托平台社交大数据、订单交易数据和人工智能营销技术，为广告主提供一站式 KOL 资源采购服务、社交大数据服务、社媒传播策略服务。该平台聚集了优质短视频自媒体、直播网红账号及社交媒体，其资源横跨微信、微博、美拍、秒拍、快手、B 站、抖音、一直播等多个社交平台，方便广告主找到并找对买家。

图 7.39　微播易首页

本章小结

网店营销与推广首先面临的就是流量问题，网店的流量即网店的访问量。对于网店而言，其流量主要分为站内流量和站外流量，有了流量之后就需要提升网店转化率。本章介绍了网店营销与推广的内容，旨在让读者掌握网店营销与推广的各种方法和技巧，有效提升网店的流量和转化率。

课后习题

一、名词解释

店内营销活动　站内流量　站外流量　淘金币　CPM　CPT　CPC　　淘宝客

二、单项选择题

1. 营销活动促销的本质是（　　　）。
   A. 免单　　　　　　B. 限时购　　　　　C. 折扣　　　　　　D. 销售

2. 关键词推广的扣费原理是（　　　）。
   A. 按照每千人印象成本计费　　　　　B. 按照每时间段成本计费
   C. 按照每销售成本计费　　　　　　　D. 按照每次点击成本计费

3. 关键词推广里，ROI 的含义是（　　　）。
   A. 投入产出比　　　B. 转化率　　　　　C. 关键词搜索次数　　D. 点击率

4. 精准人群推广通常是按照（　　　）和 CPC 方式来计费的。
   A. CPT　　　　　　B. CPM　　　　　　C. CPA　　　　　　　D. CPS

5. 推广工具中按成交量付费的工具是（　　　）。
   A. 精准人群推广　　　　　　　　　　B. 淘宝客
   C. 关键词推广　　　　　　　　　　　D. 淘宝关注

6. 下面流量中，不属于免费流量的是（　　　）。
   A. 淘宝收藏流量　　　　　　　　　　B. 淘宝客流量
   C. 淘宝搜索流量　　　　　　　　　　D. 淘宝关注流量

三、简答题

1. 从网店流量来源和网店转化率角度考虑，一般来说，网店推广分为哪几种类型？请简单介绍网店的主要流量来源。

2. 淘宝网官方营销工具主要有哪些？在淘宝网上找出允许使用优惠券的网店，并总结优惠券的类型。

3. 淘宝网的活动分为哪几种类型？请具体分析每一种类型。

4. 一般而言，淘宝网活动对卖家的要求主要体现在哪些方面？

5. 关键词推广的解决方案可以分为哪几种类型？请在淘宝网上找出关键词推广的展现位置。

实训任务

实训任务一：淘宝网店内营销活动的设置

1. 从单品宝、优惠券、顺手买一件、店铺宝、搭配宝、N 元任选、淘金币抵扣等淘宝网店内推广工具中至少选择五种对自己的淘宝网店进行营销推广。

2. 为自己的淘宝网店进行"淘宝活动"报名，每个网店最少报名参加一个活动。

实训任务二：淘宝网站内推广

1．从淘宝网上找出一些使用关键词推广、精准人群推广、淘宝客等推广工具的商品，并讨论使用这些推广工具的条件和技巧。

2．进入淘宝网卖家服务市场，选择几种店内推广和站外推广的方式并应用于自己的淘宝网店。

实训任务三：淘宝网站外推广

1．试着利用抖音、今日头条推广自己的淘宝网店。

2．进入腾讯广告、微博广告、微播易等网站，总结每个网站的注册规则和运营机制，至少在其中一个网站注册账号，并对自己的淘宝网店进行推广。

📖 **视野拓展**

淘宝关键词推广操作技巧　　成功打造爆款的技巧　　淘宝网店如何开通淘宝联盟

第8章 网店内容运营

【知识框架】

【学习目标】

1. 了解淘宝网店内容运营的主要形式。
2. 学会发布关注内容。
3. 掌握淘宝直播的开通与实施。
4. 学会不同类型视频制作的规范与方法。

随着移动终端的普及，用户获取信息的渠道越来越多，用户对信息内容的质量要求也越来越高。淘宝内容运营指的是运营者利用平台渠道，用文字、图片、视频或直播等形式将卖家信息友好地呈现在用户面前，并激发用户参与、分享和传播的完整运营过程。本章主要介绍关注、直播及网店视频。

8.1 关 注

"关注"是卖家维护新老用户的一个重要渠道,只要用户关注了网店,就可以接收卖家发布的内容。卖家可以通过"关注"进行品牌宣传和粉丝维护,包括新品预热、宝贝介绍、活动策划、粉丝互动等,实现吸引新用户、留住老用户的目标。

8.1.1 关注展现形式

卖家发布的内容会在淘宝首页的"关注"频道下展示,"关注"与"推荐"并列组成淘宝首页的两大频道,如图 8.1 所示。为了引入并适配更多优质内容,并提升用户体验,"关注"频道的样式和功能一直在不断升级优化。用户通过"关注"频道可以获取上新商品信息、最新的直播和内容,以及与用户有关的划算权益。

"关注"频道第一栏为搜索区,当用户在进行搜索时,会优先出现关注店铺内的相关商品,该功能将搜索范围聚焦在关注的店铺,为卖家提供了更大的私域运营空间。

"关注"频道的账号区显示的是用户关注的所有店铺,用户点击账号区左侧"关注店铺"可以查看和管理所关注的店铺,如图 8.2 所示,点击某店铺右侧的"…",可以将该店铺设置为特别关注店铺或者取消关注。

图 8.1 "关注"频道

图 8.2 关注店铺管理

在"关注"频道的卡片区,用户可以通过选择卡片筛选想要查看的内容,如"只看上新""正在直播""买过的店"等,这些内容会展示在信息流区。

8.1.2 关注内容发布

8.1.2.1 自动发布和主动发布

作为在淘宝的自运营阵地，卖家可以把上新、优惠、互动及会员等方面的信息都集中发布在"关注"频道，使用户浏览时一目了然，而且能够一键跳转到卖家的网店。

卖家发布的信息主要包括货品动态、导购内容、直播内容、互动玩法和人群权益等五类内容，其中有些内容可以通过系统自动发布，有些则需要卖家主动发布。

自动发布的信息可以通过点击"千牛卖家中心"→"内容"→"内容创作"→"关注运营"，进入内容发布页面，如图 8.3 所示，点击右上角的"设置"可以开启或关闭自动发布关注信息功能。系统能够自动发布的关注内容包括自动上新、自动内容导购和自动活动等。

图 8.3 千牛卖家中心关注运营后台首页

（1）自动上新。卖家可以选择开通算法推荐将上新内容智能聚合保存到草稿箱或者自动发布，发布的商品包括预上新商品和上新商品两种。预上新商品包括 2～9 款商品，且开售时间在未来 30 天内；上新商品为首次上架时间在过去 7 天内的 4～9 款商品。

（2）自动内容导购。开启自动内容导购后，系统将自动为网店同步生产搭配的内容，包含图文搭配、视频搭配等。图文搭配通过短图文真实分享商品搭配方案，帮助用户建立货品认知。视频搭配从卖家发布的视频内容中自动选择发布。

（3）自动活动。系统将自动为卖家聚合活动内容，包含预售清单、大促清单及商品降价等。

卖家在无充足人力对关注内容进行编辑发布时，可以开启自动发布关注信息功能。如果卖家需要主动发布关注内容则可以通过千牛卖家中心的关注运营后台首页（见图 8.3）看到发布工具，其中展示的是六个常用发布工具，也可以通过点击右上角的"更多"显示所有发布工具，包括货品动态、导购内容和互动玩法等三类工具。

8.1.2.2 货品动态发布

货品动态发布包括多品上新、多品预上新和清单等工具，如图 8.4 所示。淘宝关注货品动态一般围绕"货品"售卖周期生成货品清单，包含新品期的上新、促销期的活动、热销期的榜单/清单。

图 8.4 货品动态发布

1. 多品上新

多品上新是卖家将自己的新品有效进行推广的一种内容形式。新品是指最近 15 天内已经上架并开售的商品。通过多款新品组合内容的发布，卖家可以让粉丝第一时间收到上新商品信息以及折扣信息。

多品上新需要设置上新文案、上新宝贝等，然后提交发布即可，如图 8.5 和图 8.6 所示。上新文案主要描述新品信息、权益、卖点等；上新商品可以选择 2～9 款需要发给买家的新品，可发布的商品需为 15 天之内，符合行业新品规则，属于首次上架的新品。

图 8.5　提交上新文案、添加上新宝贝

图 8.6　提交发布

图 8.7　多品上新发布效果

多品上新信息发布后，关注网店的粉丝在"关注"频道即可收到网店的上新信息，如图 8.7 所示。

2. 多品预上新

多品预上新是卖家对自己的新品信息、上新时间进行预告，这样就可以让粉丝提前知道及预约新品，可以帮助新品积蓄流量。

多品预上新的发布与多品上新类似，需要设置预上新文案、预上新宝贝、新品开售时间、互动玩法，然后提交发布即可。

3. 清单

清单是卖家发布同类主题的商品集合，可以让粉丝更集中地获取商品相关信息以及促销折扣相关信息，帮助提升关联商品的推荐效率。

清单发布需要设置好清单文案和清单宝贝，选择添加互动，然后提交即可。网店每月应当至少发布一次主题清单，如新品清单、划算清单、"双 11"就要买、热销宝贝等主题形式。

8.1.2.3　导购内容发布

导购内容发布包括直播视频预告、直播图文预告、图文搭配、图文评测、视频搭配、视频评测、买家秀、图文日常和视频日常等工具，如图 8.8 所示。卖家可以围绕商品创作好看、有用的内容，以图文、视频方式引导消费者浏览阅读，完成"种草"和分享。

（1）直播视频预告和直播图文预告。直播预告让关注与直播实现了联动。当卖家准备开展一场直播时，可通过发布图文、视频内容进行预热，将直播时间、直播嘉宾、直播优惠等信息推送给粉丝，引导粉丝设置开播提醒，从而提前锁定直播观看人数。直播预告的发布工具包括直播视频预告和直播图文预告两种。

图 8.8　导购内容发布工具

（2）图文搭配，是一种高效导购内容类型，卖家可以通过短图文真实分享商品搭配方案，帮助粉丝建立货品认知。图文搭配适合服饰、家装品类卖家使用，仅允许该品类卖家在后台发布。图文搭配的发布需要添加搭配图片和搭配描述，选择添加互动方法，提交发布即可，如图 8.9 所示。添加搭配图片时，可以上传 2～9 张商品搭配图，图片的宽高比例可以选择 3:4 或者 1:1，选好后添加搭配图，并且编辑标签和关联宝贝，如图 8.10 所示。

图 8.9　图文搭配制作页面

（3）图文评测，是通过短图文真实分享商品评测报告，帮助粉丝建立货品认知。图文评测适合大快消、消费电子品类卖家使用。图文评测的发布需要设置评测图片、评测描述，并选择添加互动，然后提交发布即可。

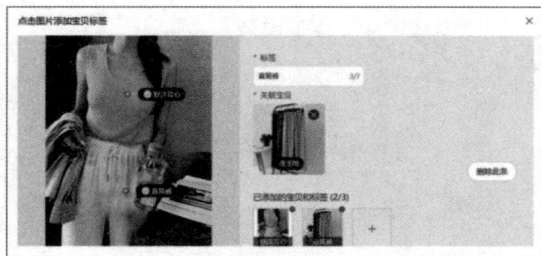

图 8.10　编辑搭配图片的宝贝标签

描述等，然后提交发布即可。

（4）视频搭配。根据行业特性的不同，服饰类、家具类商品适合通过多品搭配的方式发布视频，通过真人出镜、实拍、真实试用等表现商品的核心卖点，展示商品对消费者生活的提升作用。视频搭配发布时需要添加搭配视频，视频要求大小在 300 MB 以内，时长为 5 秒～5 分钟，并且要添加视频相关商品、视频封面图、相关

（5）视频评测。家电、数码、彩妆、食品等类目商品适合通过评测的方式发布视频，视频要求与视频搭配相同。对于新品来说，视频评测的内容可以选择首发评测、开箱体验、彩妆试色等视频；其他商品则可以选择多品评测、试吃、试用、试玩等内容进行拍摄。

图8.11　粉丝抢福利互动玩法发布

（6）买家秀，是卖家将优质买家秀进行二次推广的一种内容形式。通过买家秀内容的发布，卖家可以让粉丝获取第三方视角的商品展示信息，更全面地了解商品。

（7）图文日常和视频日常。卖家可以发布图文日常或视频日常，内容通常是店铺倡导的生活方式、新潮流方向、粉丝日常内容互动和圈层深度话题等，采用生活化素材编辑成视频或图文，如花絮图片视频、秀场图片视频、店铺日常动态和品牌宣传海报等。内容发布后卖家就有机会获得首页"猜你喜欢"的流量激励。

8.1.2.4　互动玩法发布

互动玩法可以是粉丝抢福利活动，创建时需要设置活动标题、红包和优惠券、活动时间，如图8.11所示。发布内容后，该互动活动将呈现在粉丝手淘首页"关注"列表下。

8.1.3　关注内容管理

点击"千牛工作台"→"内容"→"内容管理"，进入内容管理页面，选择"关注"就可以对关注内容进行管理，如图8.12所示。列表中显示的是卖家发布的所有关注内容，对状态为"已发布"的关注信息可以进行查看数据、下线、评论管理等操作，对状态为"草稿"的关注信息可以进行编辑、删除等操作。

图8.12　关注内容管理页面

8.2 直 播

淘宝、京东等平台在 2016 年开始利用网络直播做营销活动，拼多多直播功能也于 2020 年上线。直播平台作为一种典型的"内容+电商"直播互动媒介，已经和电商场景实现了高度融合，成为电商平台增强用户黏性的手段之一。淘宝直播是阿里巴巴推出的消费生活类直播平台，构建了新零售时代的新型购物场景，同时成为网店粉丝运营和互动营销的利器。

8.2.1 淘宝直播的展现渠道

淘宝直播内容涵盖潮搭美妆、珠宝饰品、美食生鲜、运动健身、母婴育儿、生活家居、健康咨询、在线教育、音乐旅行等各类生活领域。

淘宝直播的展现渠道很多，如手淘首页、淘宝直播页面、商品页面和点淘 App 等。

（1）手淘首页。用户打开手淘，可以在"推荐"频道下方看到推荐的直播，如图 8.13 所示；切换到"关注"频道，在关注网店列表中可以看到正在直播的网店，如图 8.14 所示。

（2）淘宝直播页面。用户在首页的搜索框内输入"淘宝直播"，可以看到"淘宝直播"入口，如图 8.15 所示。点击"进入"就跳转到淘宝直播页面，如图 8.16 所示，该页面有品牌好货、直播商城和新奇发现等栏目，用户也可以输入商品或主播名称进行搜索观看。

图 8.13 "推荐"频道的直播
展示位置

图 8.14 "关注"频道的直播
展示位置

图 8.15 淘宝直播搜索结果
页面

（3）商品页面。如果卖家正在直播，用户在浏览该店商品时，右侧会有"直播中"提示，点击就可以进入卖家直播间。

（4）点淘 App。点淘 App 是淘宝官方直播 App，贯通视频和直播频道，如图 8.17 所示。

点淘 App 拥有丰富的活动及福利，可以给予用户良好的直播购物体验。

图 8.16　淘宝直播页面

图 8.17　点淘 App 首页

8.2.2　入驻淘宝直播与淘宝直播中控台

1.　入驻淘宝直播

小贴士

淘宝直播入驻过程

卖家入驻淘宝直播，需完成下载淘宝主播 App、点击"立即入驻"、实人认证等三个步骤。入驻淘宝直播以后，点击"千牛卖家中心"→"店铺直播"→"直播中心"，打开如图 8.18 所示的页面，可以看到直播工具主要有淘宝主播 App、主播工作台、直播中控台、超级直播等。其中，直播中控台主要围绕直播，控制直播前中后全链路运营；主播工作台是电脑端推流工具，可以帮助直播团队及卖家提升电脑端开播推流能力；淘宝主播 App 则是一个专门为主播服务的平台，主播可以通过该 App 随时随地进行直播；超级直播是内容营销工具，可以通过投放广告等营销手段快速提升直播间观看人数、增加互动、促进转化。

2.　淘宝直播中控台

卖家可以通过淘宝直播中控台对直播进行管理（参见图 8.19）。

在淘宝直播中控台左侧导航中，包含"首页""直播""活动""数据""货品""粉丝""课堂"等栏目。"首页"展示网店直播场次信息、待处理事项等；"直播"主要用来管理直播的全链路运营，包括直播管理、直播互动、直播推广、直播体检及数字人管理等；"活动"展示平台开展的直播活动，商家可以报名活动获取更多流量；"数据"展现的是直播所生成的数据，如场次分析、交易分析、成交情况、商品分析、营销分析、人群分析、流量分析、粉丝分析及代播分析等；"货品"主要用于管理货品合作和货品准备等；"粉丝"主要用于粉丝运营和用户画像等；"课堂"则提供了直播相关课程及规则等内容供商家学习。

图 8.18　直播中心页面

图 8.19　淘宝直播中控台首页

8.2.3　淘宝直播发布

8.2.3.1　直播策划

不管是个人网店还是企业网店，在直播之前，最好先进行策划，确定直播的目标、分工、预算、流程等。

1. 直播目标

直播前要搞清楚本场直播的目标是什么，如回馈粉丝、新品上市或是大型促销活动，要设定当日直播的考核标准，明确直播目标，如"带货"件数、"带货"金额、涨粉目标、流量目标等。

2. 直播分工

直播参与人员要进行详细分工，对主播、助播、后台客服等的动作、行为、话术应有指导性意见，如主播负责引导观众、介绍产品、解释活动规则；助播负责现场互动、回复问题、发送优惠信息等；后台客服负责修改产品价格、与粉丝沟通、转化订单等。

3. 直播预算

任何卖家都不可能有无限的预算，脚本中可以提前设计好自己能承受的优惠券面额或者优惠活动、赠品支出等，提前控制单场（或系列）直播的预算。

4. 直播流程

一般直播流程都要具体到"分钟"，以下为常见的直播流程。

（1）开场预热、活动介绍。直播开场是每一场直播都不能缺少的环节，同时对来直播间的观众表达感谢。在设计直播开场白时，首先要具有亲和力，然后通过痛点等信息引入直播主题，最后以直播内容的亮点来留住更多的人。

（2）商品讲解。虽然不同的直播讲解形式、内容各不相同，但一定要结合产品选择合适的切入点，看看观众到底关注什么内容。比如无人飞行器，是一种较新且操作相对复杂的产品，就需要解锁各种玩法。又如厨房刀具，这是大家都熟悉的产品，则要展示其独特的卖点。

（3）抽奖、互动。提前准备好用于抽奖的产品，然后设计几种不同的抽奖形式，分布在整场直播中，而且主播要不定期提醒观众。

（4）引导成交。很多人不知道该去哪里买、哪里领券等，主播可以根据观众的反馈及时提醒大家怎么下单。

（5）下场直播预热。在直播的结尾，主播要介绍下场直播的活动内容、产品、福利等，让观众继续关注直播间。

8.2.3.2　直播创建与管理

1. 创建直播

做好直播策划后，卖家就可以创建一场直播了。创建直播可以在直播中控台的首页或直播管理菜单页面点击"创建直播"，进入相应页面，如图 8.20 所示。

创建直播需要设置好封面图、直播标题、直播时间并选择频道栏目，有利于买家一眼看出直播的活动或商品，有效地帮助网店获得更多流量和点击量。

多封面图从左到右依次为主封面图、测试封面图。当上传多张封面图后，卖家可以在直播过程中或下播后看到每张封面图的点击率。选择直播封面图需要注意清晰度、设计感、图标规范和与标题内容的一致性。选择高清晰度的图片、使用有吸引力的颜色和视觉元素、规范化的图标以及与标题相关的文案，可以吸引更多观众观看直播。

图 8.20　创建直播页面

直播如果选中"仅投放至私域"选项，直播间将仅在私域分发（商品详情、订阅等），不会在公域分发（搜索、首猜、频道等）。对于使用了虚拟主播、视频直播的直播间，建议开启该选项，否则可能受平台处罚。

2. 直播管理

创建好直播后，卖家就可以在"直播管理"的"直播日历"中看到直播预告信息，同时可以看到正在进行的直播和已经结束的直播，如图 8.21 所示。对于正在进行的直播，可以查看智能信息卡和直播分享码、进行直播推广、查看直播详情；对于已经结束的直播，可以查看直播分享码、删除直播、回放直播、查看数据详情等；对于预告直播，可以查看直播分享码（手淘扫码即可进入直播间）、删除直播、查看直播详情、正式开播。

图 8.21　直播管理页面

在正式开播前，卖家点击"播前准备"，可以查看预告直播的直播详情，修改直播预告标题，并且进行预告设置和直播前准备，如图 8.22 所示。

图 8.22　直播详情查看

（1）直播预告。在直播工具中，可以投放预告至首页关注，采用视频或图文的形式将直播预告推送至粉丝关注信息流，使其可以预约直播进行观看，也可以选择置顶在宝宝圈，或者采用分享长图的方式发布预告长图，吸引用户进入直播间。

（2）直播活动及组件设置。直播工具中，可以利用分享抽奖和小组件抽奖工具设置福利活动，也可以利用信息卡来设置主播信息和介绍直播间活动等；还可以对直播间的互动组件进行排序。

（3）直播商品设置。直播前，可以设置好口袋宝贝和待直播商品，如图 8.23 所示，口袋宝贝是直播间用户能看到的商品，而待直播商品需要推送才能成为口袋宝贝。在直播前可以将一些口袋宝贝设为预告商品，使用户提前知道直播中有哪些商品，吸引感兴趣的用户准时进入直播间。

图 8.23 直播商品设置

8.2.3.3 直播开播

打开电脑端的淘宝直播主播工作台后，点击首页的"我要开播"，打开直播推流页面，如图 8.24 所示，可以看到左侧为直播间设置，中间为直播预览，右侧为直播状况。在中间的直播预览下方点击"选择场次"可以创建一场新的直播，也可以选择已有场次，如图 8.25 所示。如果选择已有场次，先点击直播预告右侧的"选择本场"返回直播推流页面，再点击"开始直播"就可以开播，直播预览效果将同步到进入直播间的用户端。

图 8.24 直播推流页面

图 8.25 选择直播场次

8.2.3.4 直播间装修与互动

在直播开始前或直播中，卖家可以对直播间进行装修或者投放互动活动信息。

淘宝直播中控台"直播管理"下的直播装修功能，提供了一系列素材模板，使卖家可以进行个性化修改并一键应用于直播间。装修素材包括"前置贴片""智能商品卡""主播信息卡""2D绿幕""品牌馆封面""互动组件排序""AI装修"等，如图8.26所示。卖家选定模板进行编辑，生成的素材将保存在"我的素材库"中。

图8.26　直播装修页面

（1）"前置贴片"。主播团队无须在开播前投入大量人力进行货品贴片和海报设计，通过该工具可以快速生成贴片并投放。前置贴片包括营销信息、商品信息及其他自定义信息。

（2）"智能商品卡"。智能商品卡能够将直播场次所关联的商品，批量生成讲解卡片并根据需要投放在直播间内，同时中控台可以跟随主播口播和讲解进程进行卡片播放序列和内容的修正与调换。

（3）"主播信息卡"。主播信息卡可配置主播信息、营销信息、预告信息、营销素材，也可摆上网店的镇店之宝等。

（4）"2D绿幕"。这是基于绿幕和蓝幕的新型演示工具，卖家通过上传素材或使用官方模板，在直播间背景中展示宝贝；配合绿幕使用，以低成本实现影视级特效，打造沉浸式直播体验。

（5）"品牌馆封面"。卖家上传品牌Logo图和商品精拍的广告海报并确认后，系统将自动生成品牌馆封面，并在直播间讲解"品牌好货"时展示。

（6）"互动组件排序"。互动组件排序主要对直播间右侧多个互动组件的排序进行管理。

（7）"AI装修"。AI装修可以自动生成绿幕背景或商品信息卡。

素材制作好后，可以打开淘宝直播主播工作台的推流页面，在左上方直播场景布置区域添加本地元素或素材中心的素材，如图8.27所示；也可以在左下方的互动中心添加对应模块，如图8.28所示。

直播场景布置可添加的元素包括本地素材，如图片、视频、幻灯片、摄像头、窗口共享等，需要卖家提前准备好图片及视频等素材，可添加的素材中心中的素材包括利用直播装修模板制作的前置贴片等，可以在直播前设置好。

互动中心可添加的互动工具包括"优惠券&红包""关注小卡""直播间公告""福利抽奖""粉丝推送"等。

图 8.27　直播场景布置

图 8.28　互动中心设置

8.2.3.5　直播商品推送

淘宝直播的核心功能就是"带货"，商品可以提前选好放在待直播商品列表中，在直播过程中推送到宝贝口袋，展现给用户，并进行讲解，同时进行录制。

在直播推流页面的直播预览下方有"宝贝口袋""商品上架"链接，如图 8.29 所示。点击"商品上架"可以选择商品直接保存到待推或者推送到宝贝口袋，在"宝贝口袋"链接页面可以看到"宝贝口袋"和"待直播商品"，如图 8.30 所示。"宝贝口袋"中的商品已经推送到直播间，用户可以下单购买，而"待直播商品"是准备推送的商品，用户看不到。

图 8.29　直播商品推送入口

图 8.30　"宝贝口袋"链接页面

对于"宝贝口袋"中的商品，可以点击"弹"，将商品卡片弹到直播间；点击"券"则可以对优惠券进行配置及弹送。

切换到"待直播商品"页面，如图 8.31 所示，可以对待直播商品进行券设置，或者推送到宝贝口袋，或者进行讲解。有些卖家在直播时，先进行宝贝讲解，然后上架商品（推送到宝贝口袋）。

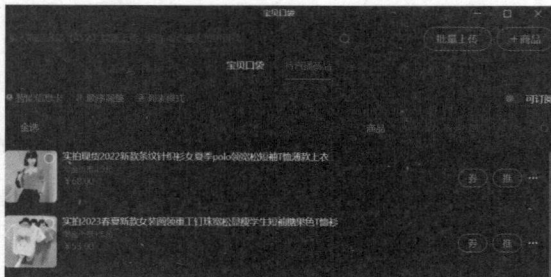

图 8.31　"待直播商品"页面

8.3　网店视频

淘宝网店视频主要包括商品视频和店铺视频，其中商品视频又可以分为主图视频、购后视频和详情视频。卖家通过拍摄和发布视频，展示商品的功能、属性、品牌、用法等内容，让买家充分了解商品，促进买家下单购买。

8.3.1　商品视频

8.3.1.1　主图视频

1. 主图视频的展示位置

主图视频可以有多个，包括一个主视频和两个微详情视频。

主视频展示在主图位置的第一位，打开宝贝页面后，主图视频会自动播放，如图 8.32 和图 8.33 所示。为商品上传主图视频，系统审核通过后商品将获得冷启动流量支持。同时，添加主图视频，能够提升买家的浏览体验。主图视频能够全面展示商品的功能及用法，增加买家的页面停留时长，有利于提升转化率。

图 8.32　电脑端宝贝页面　　　　图 8.33　手机端宝贝页面

两个微详情视频上传后，需要系统进行审核，如果符合进入公域的视频质量标准，就可以被微详情推荐，展现在手淘首页"推荐"频道、"猜你喜欢"等栏目，真正实现让买家边逛边买。卖家制作视频时可以优先覆盖"尖货"和核心商品，以便更好地宣传商品。

2. 主图视频的上传与发布

主图视频可以在商品发布或者编辑页面的图文描述部分进行上传与发布，如图 8.34 所示。

主图视频的要求如下。

（1）时长要求。系统对主图视频的时长要求为 5 秒～15 分钟，在实际应用中，主图视频时长根据拍摄内容控制，一般在 30 秒左右，时长太长容易引起买家的厌烦，时长太短则不能全面地展示商品。微详情视频建议时长保持为 15 秒。

（2）比例要求。主图视频的尺寸比例可以是 1:1 或 3:4。从用户浏览体验和转化效果来看，

3:4 的比例效果更佳。

（3）内容要求。主图视频的清晰度要高，内容不能有违规信息。三个主图视频内容要相互去重。

准备好视频素材后，点击图 8.34 中"上传视频"的位置就可以进行上传，如图 8.35 所示。主图视频可选的类型包括"使用方法""宝贝介绍""宝贝展示""居家教程""宝贝讲解""真人试用""真人测评"，默认为"宝贝"；微详情视频可选的类型与主图视频相同，没有默认类型。应用场景需要选择后，商品才有机会在相应的渠道被推荐。

图 8.34　主图视频

主图视频的制作可以通过"千牛卖家中心"→"内容"→"内容创作"→"创作工具"来完成，如图 8.36 所示。该页面提供了视频制作工具及精选模板。

图 8.35　主图视频上传

图 8.36　店铺视频制作工具及精选模板

8.3.1.2　购后视频

商品购后视频展示入口在订单列表页及订单详情页面，画幅比例为 3:4、1:1、9:16 或 16:9，时长为 30 秒~7 分钟，大小不超过 1GB。

商品购后视频重点展示的是商品的安装过程、使用教程、保养方法，或者其他与商品使用相关的信息。一般要求如下。

（1）有明确的步骤演示、有清晰的内容讲解。

（2）标题不可使用数字及特殊符号。

（3）视频中至少要有口播讲解或字幕说明中的任意一项，同时有口播讲解和字幕说明观看者更易理解。

（4）在视频开头增加重点内容信息关键词，前 10 秒不要有过多商品展示或与商品使用无关的信息展示，以免消耗消费者耐心，造成消费者流失。

（5）视频中不得出现非产品安装二维码、黑边、第三方平台水印（包括拍摄工具及剪辑工具 Logo 等），避免幻灯片类视频或纯商品展示类主图视频。

8.3.1.3　详情视频

打开商品编辑页面，选择"使用旺铺详情编辑器"装修手机端详情描述部分，添加视频模块，就可以添加详情视频，如图 8.37 所示。

详情视频的宽高比一般为 1:1、4:3 或者 16:9，可以和主图视频一样，也可以不一样，时长一般在 5 秒～2 分钟，详情视频一般比较长，以介绍商品详细功能和真实细节为主。

8.3.2　店铺视频

店铺视频展现在手淘页面，用户进入相应网店页面点击即可播放。

在网店装修页面选择添加单视频模块就可以发布店铺视频，如图 8.38 所示，在右侧选择视频尺寸并添加视频，然后保存发布即可。店铺视频支持上传比例为 16:9 的视频，视频流前台展示效果

图 8.37　商品详情视频发布

佳，用户端沉浸式体验较好。视频时长一般在 10 秒～10 分钟，建议控制在 15 秒～2 分钟，节奏明快不要拖沓。视频画质要求在 720 P 以上，大小在 300 MB 以内。

图 8.38　店铺视频的发布

![book icon] **本章小结**

通过网络平台购物，买家往往无法直观感受到商品的效果，只能通过文字、图片、视频、直

播等形式来了解商品，因此卖家必须充分利用平台提供的内容运营渠道开展营销。本章主要就淘宝平台介绍了关注、直播和网店视频。

课后习题

一、名词解释

内容运营　关注　直播

二、单项选择题

1．以下不能通过系统自动发布的关注内容是（　　　）。

A．上新商品　　　　　B．内容导购　　　　　C．自动活动　　　　　D．店铺公告

2．卖家能够主动发布的关注内容类型包括（　　　）。

A．货品动态、导购内容、互动玩法　　　　B．货品动态、售后须知、导购内容

C．导购内容、品牌故事、互动玩法　　　　D．价格波动、人群权益、粉丝福利

3．卖家开展淘宝直播的工具不包括（　　　）。

A．电脑端淘宝直播中控台　　　　　　　B．电脑端淘宝直播主播工作台

C．手机端淘宝主播 App　　　　　　　　D．点淘 App

4．下列关于直播说法正确的是（　　　）。

A．创建直播时封面图不是必须上传的

B．用户可以直接购买直播间的宝贝口袋中的商品

C．用户能直接购买直播间待直播商品

D．直播间主播信息卡只能展示主播的信息

5．图文描述中，主图视频最多能上传（　　）个。

A．1　　　　　　　B．2　　　　　　　C．3　　　　　　　D．4

三、判断题

1．卖家发布的货品动态信息会自动推送到关注网店的粉丝的手淘首页"关注"频道。

（　　　）

2．某主播发布了一场 20:00 的直播预告，如果超过 20:00 还没有开播将会导致预告过期失效。　　　　　　　　　　　　　　　　　　　　　　　　　　　　　　　　（　　　）

3．在正式开播前，卖家不可以查看预告直播的详情、修改直播预告标题，或者进行预告设置。　　　　　　　　　　　　　　　　　　　　　　　　　　　　　　　　　　（　　　）

4．除了发布预告时上传的商品外，直播开始后还可以继续添加其他商品。　（　　　）

5．待直播商品在用户端的"宝贝口袋"里不会展示。　　　　　　　　　　（　　　）

6．详情视频的时长应当控制在 10～60 秒。　　　　　　　　　　　　　（　　　）

四、简答题

1．如何设置关注内容自动发布？

2．直播前需要进行策划，策划的具体内容有哪些？

3．在直播过程中如何推送商品？

4．简要介绍淘宝视频的类型。

实训任务

实训任务一：关注发布

1．在手淘首页查看"关注"频道下的内容。

2．登录千牛卖家中心，开启关注内容自动发布。

3．利用关注主动发布工具发布一条多品上新信息。

实训任务二：淘宝直播操作

1．策划一场 10 分钟的直播，并提前发布直播预告，待直播商品最少 1 个。

2．下载电脑端淘宝直播主播工作台，开始直播。

3．将待直播商品进行推送后开始讲解，并设置红包互动。

4．结束直播。

实训任务三：上传主图视频

制作一个主图视频，时长为 30 秒左右，比例为 3:4，制作完成后将该主图视频上传。

视野拓展

淘宝内容营销怎么做　　淘宝直播引流推广方法　　淘宝直播如何做粉丝营销

第9章 网店客服与客户运营

【知识框架】

网店客服与客户运营
- 网店客服
  - 客服人员的沟通技巧 → ❖礼貌接待、多揣摩买家心理、理性对待买家的问题、注意事项
  - 售前客服 → ❖疑问解答、商品推荐、催付、活动通知
  - 售后客服 → ❖查单/查件处理，退/换货处理
- 客户接待
  - 千牛接待中心 → ❖千牛接待中心的设置、千牛接待中心好友分组、创建旺旺群
  - 客服分流 → ❖客服分组、添加客服到不同分组
  - 接待工具 → ❖欢迎语设置、聊天窗互动功能设置
  - 机器人 → ❖官方机器人、阿里店小蜜
  - 跟单工具 → ❖自动催拍、自动催付、自动核单、补货提醒
- 客户运营
  - 粉丝运营 → ❖内购会、粉丝抢福利、粉丝领金币、新品清单、多人拼团、关注立减、粉丝头条、超级进店、活动加速
  - 会员运营 → ❖开通会员运营、会员权益设置、会员任务、客户列表
  - 老客运营 → ❖提升客单工具、老客复购工具、老客触达工具
  - 自定义运营 → ❖人群管理、自定义人群运营

【学习目标】

1. 了解网店客服人员的沟通技巧。
2. 熟悉售前客服人员和售后客服人员的工作内容。
3. 熟悉接待工具的设置与使用。
4. 掌握会员运营、老客运营和自定义人群运营的方法。

9.1 网店客服

网店客服人员是指在电子商务平台负责销售商品和提供服务的工作人员。这里所说的客服人员是指淘宝网或天猫的在线接待工作人员，其主要工作内容是在线处理售前、售后问题。一名优秀的客服人员应能够从买家的角度出发进行服务，可以使买家按他的推荐购买商品。

9.1.1 客服人员的沟通技巧

1. 礼貌接待

对于客服人员来说，要善用"您好""请"等常见礼貌用语，必要时可使用表情与图片，拉近与买家的距离。

2. 多揣摩买家心理

客服人员在与买家交流时，要通过分析买家的心理活动来调整自己的沟通和营销方式，以便最大化地满足买家的需求并售出商品。例如，议价是当前客服工作中最常见、最令人头疼的问题，这时客服人员就需要揣摩买家的心理：很多买家并非买不起，而是讨价还价成了习惯，买家只是需要以讨价还价的成功来获得成就感。对于这种买家，客服人员需要声明店内的商品是优质的，销售价格是公司制定的（已经是最低的了），价格无法变动，这是原则。此时，大部分买家便不会再在价格上纠缠，对于那些仍然要讨价还价的买家，客服人员可以告知其当前网店有什么优惠活动，或者适当地在运费上给予一些优惠。

3. 理性对待买家的问题

客服人员要善于控制自己的情绪，切忌与买家争执，应平和地解决问题；另外，不要草率地做出决定，在交流的过程中如果买家情绪比较激动，不要采取强硬态度和手段，以免加剧彼此的矛盾；特别要避免对买家实施辱骂、诅咒、威胁等语言攻击或采取恶劣手段对他人实施骚扰等妨害他人合法权益的行为。

4. 注意事项

在销售中，客服人员还需要尽量杜绝以下几个问题。

（1）直接拒绝买家的所有要求。直接或反复拒绝买家后，买家会觉得自己所有的要求都无法得到满足，也就不会在店里购物了。

（2）批评、嘲讽买家。个别客服人员在遇到买家提出的问题存在错误时，会利用自己的专业知识对买家进行批评、嘲讽。在销售过程中，客服人员需要做的是提供人性化的服务，而不是为彰显自己的专业能力而打压他人，因为并不是所有的买家都非常了解自己所要购买的商品，所以买家在想法和说法上存在一定的错误是可以理解的。

（3）表示或暗示买家不重要。有些网店的商品为耐用消费品，客服人员会认为买家复购的概率不高，在与已购买家沟通的过程中，会对买家提出的一些疑问或要求表现得不耐烦，在言语间会透露出一丝"有你没你网店一样存活"的态度，这种做法是万万不可取的。

（4）出现变故不及时告知买家。因库存、物流等原因出现变故时，应及时告知买家，等到买家上门询问时才说出实情，就会让买家在这段时间里除了等待外，还会感到不满和焦虑，买家会认为这是网店的借口，最终导致买家产生退货行为。为了杜绝此类事件，客服人员在发现异常情况时，应当第一时间与买家进行沟通。

9.1.2　售前客服

售前客服人员负责买家下单付款前的疑问解答、商品推荐、催付和活动通知。

1.　疑问解答

无论实体销售还是网络销售，买家都会对商品及服务提出一些疑问。客服人员应做到有问必答，在解答买家提出的疑问时，可以引导买家，并通过买家提出的疑问了解买家的更多想法。

图 9.1　解答疑问案例

在图 9.1 所示的案例中，可以看到买家进行了两次提问，其中一次是针对物流时间的提问，另一次是针对商品规格的提问。作为客服人员，可以把这两个问题看作买家的正常询问，但如果深入一些，不难看出买家可能的两个需求点：一是买家急需使用这款商品，二是买家对更大规格的包装有需求。通过这两点，卖家可以思考两个解决方案：①如果买家真的着急，是否可以更换默认的快递，选择速度更快的快递？②买家对更大规格的包装有需求，可实际情况是没有，那么如何让买家愿意选择现有的规格呢？当班的客服人员可选择从用量、保质期及新鲜程度上来使买家消除疑虑，选择现有的商品。

如果客服人员在服务过程中只是单纯、机械地回答买家的问题，而不能感受到买家的真实需求，往往会使订单白白地流失。

网络购物受限于见不到实物，除了上述简单的疑问外，在购物前期，买家还会对商品提出较多的疑问，销售不同品类商品的网店，客服人员遇到的问题也会不同，这就要求客服人员要对商品非常熟悉，才能保证在解答关于商品及物流的疑问时，做到正确无误、快速、有效。

2.　商品推荐

客服人员顺利完成商品答疑后，会进入一个新的工作流程——商品推荐。

一名优秀的客服人员，一定是善于做商品推荐的，这一点有利于提升交易转化率和快速提高客单价。在网络交易中，要想了解买家的需求，就不能等待买家明确告知其需求，因为在交易过程中买家可能不愿意说出需求或者需求不明确。针对这样的情况，客服人员的处理方式就是获取和明确需求，便于日后更好地利用销售技巧进行商品推荐。客服人员在询问过程中应尽量使用封闭式问题进行询问，以便更加快速、有效地获取答案和了解买家的真正需求。

图 9.2　了解需求案例

在图 9.2 所示的案例中，客服人员通过封闭式问题进行提问，确认买家购买商品是准备自用还是送人，当得到的答案是送给父母后，结合网店实际情况，快速锁定店内哪些商品适合推荐给买家，哪些商品次之或不适合推荐，保证买家不会因为所推荐的商品与其想法差异过大而流失。

在图 9.3 所示的案例中，因为客服人员对买家需求不了解，推荐时没有考虑太多，推荐结果无法得到买家的认可。通过买家的回答，客服人员发现买家对功能和可操作性有更大的需求，及时调整思路，推荐另外一款更能够满足买家需求的商品。再次推荐前，客服人员对买家需求进行了确认，第二次推荐的商品得到了买家的认可，使交易得以顺利进行。而在实际工作中，因为某些原因，买家的需求表达得不够明确，客服人员未进行深入挖掘，便顺势放弃了再次推荐，这也是订单大量流失的原因。

图 9.3　再次推荐案例

3. 催付

催付是指买家拍下商品后没有付款，客服人员引导买家付款的行为。在常规交易中，买家拍下商品后，如果 72 小时内没有付款，那么这笔订单将自动关闭。订单关闭也就意味着卖家没有成功卖出商品，对于网店来说就是销售额上的损失。

小贴士

如果遇到买家议价怎么办？推荐扫描二维码学习议价技巧。

议价技巧

4. 活动通知

在活动以及活动预热期间，虽然活动在网店页面都会呈现，但并不是所有买家都会看到。为了使活动能达到最好效果，客服人员应将活动主动告知买家。这里主要以使用千牛工作台通知（见图 9.4）的方式为例介绍。

客服人员在与买家沟通过程中，要第一时间把活动通知买家，这样既可提高询单转化率及客单价，又可避免买家抱怨因没有及时收到通知而错过了优惠活动。

除了在与买家沟通时要及时通知其活动外，平时客服人员可以将活动通知曾经聊过的买家，也可以邀请买家加入网店粉丝群或者自己创建的群，于活动预热期间，在群里将活动通知买家，如图 9.5 所示，在群发即时消息对话框中，编辑通知内容，点击"发送"即可。

图 9.4　千牛工作台通知

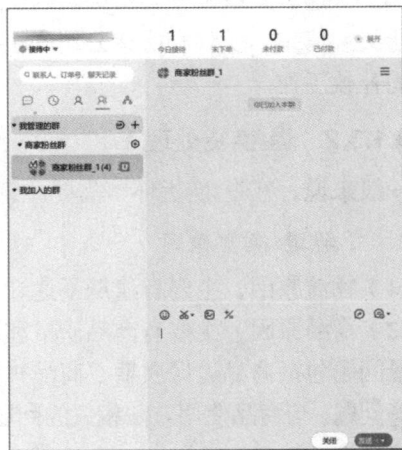

图 9.5　千牛工作台群组通知

9.1.3　售后客服

传统意义上的售后客服是指商品出售后卖家能为买家所提供的各种服务。从电子商务层面来讲，售后客服除了具有一定的功能以外，售后客服本身也是一种促销。好的售后客服，不但可以提升整个交易过程中客户的满意度，还可能是下一次交易的开始。网店售后客服所包含的内容非常多，如查单/查件处理、退/换货处理等，其中涉及退/换货处理的问题比较多。

9.1.3.1　查单/查件处理

在卖家发货后，快递在运送途中或者已经抵达买家手中时，经常会出现各种与物流相关的问题，导致买家必须向客服人员咨询。常见的查单/查件的售后问题如下。

（1）系统显示已经签收，但并非本人签收。在整个线上交易过程中，这种情况出现频率较高，有可能是由于快递被送到了代收点，也有可能是由于快递派送时收件人无法签收而由

小贴士

在千牛工作台中，有查看异常物流提醒的栏目。为减少因物流而产生的售后问题，客服人员应多关注千牛工作台，及时关注物流信息。

其他人代收了。遇到这种情况，当买家向客服人员咨询时，客服人员应积极联系快递公司，查询实际收件人，并反馈给买家。

（2）疑难件无法派送。在快递派送过程中，由于联系不到买家、地址错误等原因，造成快递无法派送，而买家由于长时间收不到商品或查看物流状态时显示为疑难件，便会向客服人员咨询。遇到这种情况，客服人员需要马上确认收件人手机号码或核对收货地址，并及时反馈给快递公司，督促其及时送件。

（3）因不可抗力而无法派送。由于洪水、暴雪等气候原因造成的特殊情况，属于不可抗力情况。当遇到这种非人力因素造成不能及时派送快递的情况时，客服人员应该及时跟买家联系，说明原因，努力寻求买家谅解，并跟进最终解决方案的落实。

（4）节假日或特殊节日派件时间延长。在"双11"等规模较大的促销活动期间，短时间内会产生大量的商品交易，经常有快递"爆仓"现象发生，买家有可能对预期晚到的快递进行咨询。遇到这种情况，客服人员应如实说明原因，最好是在售前就做好提醒工作。

（5）快递丢失或破损。当买家因出现快递丢失或破损的情况而进行咨询时，客服人员先要安抚买家情绪，及时和快递公司联系确认情况，如果情况属实，应及时回复买家，并做好后续的补救工作。

9.1.3.2　退/换货处理

一般来说，在退/换货环节需要注意的问题有以下几点。

小贴士

退换货订单管理

1. 了解退/换货原因

（1）物流原因，主要有逾期不达、货品丢失、物流服务差等问题。

（2）商品原因，主要有商品质量和商品使用方法等方面的问题。商品质量问题包括商品过保质期、商品材质与描述不符或有色差、商品有污损等问题。与商品使用方法相关的问题包括买家对使用方法不了解、对商品特殊使用注意事项不清楚等。

（3）买家主观原因，主要包括买家对客服人员的服务态度不满、对收到的商品不喜欢、

拍错号码和颜色等。针对以上问题，客服人员能做的就是向买家讲清事实，引导买家换货或者退回商品，从而降低纠纷退款率。

2. 确认细节

客服人员在买家退货前要和买家确认需要退回的物品是否影响二次销售，在收到退货后，需要检查商品的完整性。

3. 后台操作执行

对于商品、服务及买家喜好等原因造成退/换货的，在了解了退/换货的原因及确认退/换货的细节后，客服人员就需要在网店后台做退/换货处理。退/换货处理的流程如图 9.6 所示。

图 9.6　退/换货处理的流程

9.2　客户接待

客户接待主要通过千牛接待中心来实现，卖家可以利用客户接待工具如欢迎语、聊天窗互动功能、自动催付、自动核单、机器人等提高接待效率。

9.2.1　千牛接待中心

为了能更好地与买家保持长期稳定的关系，卖家需要和买家随时进行互动，这就需要建立与买家沟通的通道。目前，淘宝网常用的即时沟通工具是千牛工作台的接待中心。

> **📖 小贴士**
>
> **千牛工作台的运行模式**
>
> 千牛工作台一般有两种运行模式：旺旺模式与工作台模式。旺旺模式以沟通为主，工作台模式以管理为主。工作台模式已与卖家中心合并，利用卖家中心管理网店的相关内容前面章节已做介绍。淘宝网店接待买家、与买家沟通时常用的是旺旺模式。
>
> 旺旺模式由阿里旺旺卖家版升级而来，也称千牛接待中心。阿里旺旺是淘宝的即时交流工具，可以轻松实现在线沟通。淘宝网的用户之所以习惯使用阿里旺旺来沟通和交流，并不仅仅是因为可以即时看到对方的淘宝会员名和相关资料、直接显示网址链接的安全性，更重要的是如果使用外部聊天工具，一旦出现交易争议或纠纷，淘宝网管理方就无法核实会员的真实身份和对话记录的真实性，外部聊天工具上的对话记录无法作为证据用来举证，而使用阿里旺旺则能避免这一问题。

9.2.1.1 千牛接待中心的设置

1. 编辑基本资料

（1）编辑卖家头像。在使用千牛接待中心之前，卖家首先需要对头像等基本资料进行设置。这样不但能让买家对卖家印象深刻，还能体现网店的个性。直接点击千牛接待中心悬浮条中的"接待中心"，可以进入"接待中心"页面，点击"接待中心"页面左上角的用户名，点击"修改"可进入修改头像页面，如图 9.7 所示。

（2）编辑买家信息。为了做好客户关系管理，借助千牛接待中心对买家做一些简单的备注是很有必要的。右击某个联系人名字，在弹出的快捷菜单中选择"查看联系人资料"，进入图 9.8 所示的页面。在这个页面，可以修改该联系人的所属分组，也可以为其编辑一个显示名。例如，可以在显示名中加入其姓名、购买的商品及其型号等作为一个微型备注，下次联系时，可以在最短的时间内知晓该买家的基本情况，尽快进行有效沟通。

图 9.7　修改头像页面

图 9.8　编辑买家信息

2. 快捷回复

充分利用千牛接待中心的快捷短语功能，可以使客服人员在繁忙的时候也能够游刃有余地接待多位买家，提高工作效率。

在千牛接待中心中打开聊天窗口，在小工具中点击" ⊘ "图标，如图 9.9 所示。在右侧窗格中点击"新增"，可以打开图 9.10 所示的页面，编辑好之后点击"保存"即可。

图 9.9　千牛接待中心的聊天窗口

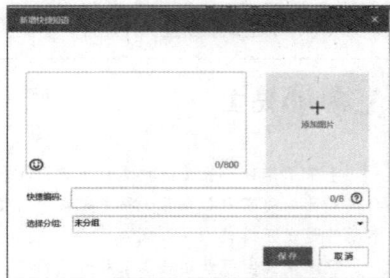

图 9.10　新增快捷短语

3. 消息中心

点击悬浮窗口中的"消息中心"可进入千牛接待中心的消息中心，如图 9.11 所示。消息中心的消息分为系统消息、服务号消息，这两类消息用户均可自行订阅。

图 9.11　千牛接待中心的消息中心

9.2.1.2　千牛接待中心好友分组

当买家通过旺旺向客服人员咨询时，客服人员可以将买家加为好友并放到相应的分组中。客服人员在聊天页面上方点击买家的旺旺名，在打开的买家资料页面可对该买家进行分组，如图 9.12 所示，如果没有合适的组，可以"新建分组"并将该买家放在新组中。

千牛接待中心好友分组的好处在于当与某位买家再次沟通时，客服人员可以根据该买家的分组标签第一时间判断出买家的需求或特征，也可以在同一组买家中通过群发形式定期推送信息。

图 9.12　客户分组

9.2.1.3　创建旺旺群

客服人员可以将买家添加到旺旺群，通过群与买家建立感情，了解买家对品牌、产品、服务的评价，如图 9.13 所示，点击＋可以创建新群，如图 9.14 所示。

图 9.13　群管理

图 9.14　创建新群

旺旺群有两种类型，分别是淘宝群和普通群。普通群用于和买家进行沟通合作。淘宝群用于运营粉丝，可以直接触达消费者端，是店铺开展营销活动、拉新促活的有效渠道之一。

创建淘宝群，卖家需要满足以下任一条件：①店铺状态正常、近 30 天成交笔数大于等于90 笔；②店铺状态正常、店铺近 180 天成交金额在 100 万元及以上。

9.2.2　客服分流

对于规模大一些的店铺，卖家需要区分售前客服、售后客服，可以进行客服分流设置。

卖家可以通过点击千牛工作台左侧菜单的"客服"→"接待管理"→"客服分流"进入客服分流管理页面，如图9.15所示。

图9.15　客服分流管理页面

（1）客服分组。在图9.15所示的客服分流管理页面右上方，点击"新增分组"，进入"分组小助手"页面，如图9.16所示。卖家可以根据实际需求，选择客服分工策略，如果选择区分售前售后咨询，可以点击"执行建议"，系统将自动创建售前和售后两个客服分组，如图9.17所示。

图9.16　"分组小助手"页面

图9.17　客服分组

图9.18　客服添加

（2）添加客服到不同分组。在"客服分组"页面点击"配置"，将售前客服和售后客服的账号添加到对应的分组中，一个客服最多只能添加到一个分组中，如图9.18所示。服务等级设置值越高，该客服的权重就越高，分配给该客服的客户数量越多。需要注意的是，需要提前设置好客服的子账号。

9.2.3　接待工具

为了提高客服的接待效率，平台提供了接待工具，如"欢迎语""聊天窗互动功能"等。点击千牛工作台左侧菜单的"客服"→"接待管理"→"接待工具"可进入接待工具页面，如图9.19所示。

1. 欢迎语设置

设置欢迎语后，若消费者咨询，消息窗可以马上向消费者展示公告与常见问题，提升店铺的服务效率，获得消费者好感。

图 9.19　接待工具页面

欢迎语功能可以根据需要开启或关闭，如图 9.20 所示。欢迎语方案包括基础方案和店小蜜两种，基础方案在此处设置即可，店小蜜方案需要到店小蜜后台进行设置,但是需要在该页面选择店小蜜方案才生效。

欢迎语基础方案一般包括售前通用、售后通用、无人接待时三种类型，卖家也可以针对特定商品进行欢迎语设置。欢迎语模板设置好后需要保存才能生效。

（1）售前欢迎语。消费者进行咨询后，如果没有进行中的订单，则判断为售前场景。卖家可以设置售前欢迎话术及关联问题，如图 9.21 所示，左侧为编辑区域，右侧为预览效果区域。关联问题一般是多数消费者购买前比较关注的信息，如优惠活动、发货、退换货等。

图 9.20　欢迎语设置页面

图 9.21　售前欢迎语设置页面

（2）售后欢迎语。消费者进行咨询后，如果存在正在进行中的订单，则判断为售后场景。售后欢迎语的设置与售前欢迎语类似，但是关联问题一般是关于物流信息、退换货等的。

2. 聊天窗互动功能设置

聊天窗互动功能在消息窗输入框上方，消费者可自助获得相关服务，如图 9.22 所示。根据售前或售后场景，卖家可以分别配置不同功能，最多设置 8 个功能，如图 9.23 所示。

图 9.22　聊天窗互动功能效果

图 9.23　聊天窗互动功能设置

图 9.24　机器人接待设置

9.2.4　机器人

点击千牛工作台左侧菜单的"客服"→"接待管理"→"机器人"可进入机器人客服设置页面，点击"接待设置"可以看到当前商家已开通或在服务市场订购过的机器人产品，如图 9.24 所示，在该页面可以设置机器人使用场景。

9.2.4.1　官方机器人

1. 官方机器人问答设置

官方机器人会预置热门问题的回复，在使用过程中可以不断补充或者纠错。目前官方机器人的知识库，主要包括以下三类，可在机器人后台中配置：

（1）店铺热门问题，可配置店铺通用的知识库问答，以及添加自定义的问答；

（2）商品热门问题，配置某个商品或商品的某个规格，所对应的个性化问答；

（3）关键词回复，针对特定关键词的回复，只要命中关键词，就出配置的对应回复。

在实际应答中，如果买家咨询同时满足三类知识库的配置，那么会按如下优先级，取优先级最高的先回复：关键词回复 > 商品热门问题 > 店铺热门问题。

2. 官方机器人接待设置

在图 9.24 中，机器人的使用场景包括全自动接待和辅助接待两种。在全自动接待场景中，选择"官方机器人"即可在店铺无人值守状态下，即全店客服离线时由官方机器人自动接待。

在辅助接待场景中，点击"管理"可以对机器人辅助权限进行管理。选择"官方机器人"，可以对某一客服账号的辅助接待权限进行选择，如"辅助接待""话术推荐""关闭"；也可以点击"添加客服"来设置需要辅助接待的客服账号，如图 9.25 所示。

图 9.25　官方机器人辅助接待客服权限设置

9.2.4.2　阿里店小蜜的接待模式

点击图 9.24 中的"店小蜜"后面的"⊙"图标，可以打开阿里店小蜜页面。阿里店小蜜是阿里巴巴推出的商家版智能客服机器人，可以帮助企业提升团队的服务能力和买家的购物体验。阿里店小蜜的开通很便捷，所有淘宝、天猫商家都可以提交使用申请，一键授权激活后，阿里店小蜜就可以投入使用。阿里店小蜜的接待模式包括以下两种。

1．全自动接待模式

全自动接待模式是阿里店小蜜主要的接待模式之一。目前，全自动接待模式适用于无人值守和店铺客服在线两种场景。店铺客服在线时主要有"全店人工优先接待""全店机器人优先接待""按分组设置接待规则""全店机器人、人工混合接待"等四种分流策略，如图 9.26 所示。

图 9.26　店小蜜全自动接待模式

"全店人工优先接待"指的是只有当参与分流的账号全部下线或全部挂起时才会由机器人开始自动接待。"全店机器人优先接待"指的是买家开始咨询后将优先由机器人接待，当机器人无法解决时转人工处理。"按分组设置接待规则"是根据客服分组来设置机器人和人工接待的比例。"全店机器人、人工混合接待"指的是千牛工作台按照自动化分流分配设置比例的买家由机器人优先接待，其余的买家由人工正常接待。

2．智能辅助（半自动）接待模式

智能辅助依附于客服账号和客服人员一起接待买家，它可以代替客服人员自动回复，也可推荐回复内容供客服人员选择，相当于客服人员的智能助手，也称为半自动机器人。

商家可以在以下场景中使用阿里店小蜜接待模式。

（1）客服人员下班后。这种情况下可开启全自动接待模式，选择人工优先接待方式，可及时响应买家，提高询单转化率。

（2）同时接待多人。如果需要同时接待5～10人，可开启全自动接待模式，选择全店人工优先接待方式即可。如果需要同时接待10人以上，可开启全店机器人优先接待模式，这样可以降低店铺人力成本，把重复、简单的问题交由机器人处理，把疑难问题转人工处理。

小贴士
阿里店小蜜基本
功能简介

9.2.4.3 阿里店小蜜基本功能

1．常见问答配置

常见的问题和答案在"常见问答配置"页面编辑。常见问题主要分为行业通用问题、自定义问题等两种类型，根据问题的方向又分为聊天互动、商品问题、活动优惠、购买操作、物流问题、售后问题等六个类型，如图9.27所示。

图9.27　"常见问答配置"页面

在添加行业通用问题以及自定义问题的答案时，阿里店小蜜除了能提供文字回复外，对于买家提出的相同问题，还能提供多种不同回复，对于一些复杂问题可在答案后附加图片。

2．商品知识库

在"商品知识库"页面中，卖家可新增商品自定义知识，回复方式可选择"图文答案回复"或"直连人工服务"，如图9.28、图9.29所示。

选择"直连人工服务"方式，当买家咨询的问题无法在商品知识库中找到答案，则直接由人工接待。

图 9.28 "商品知识库"页面

图 9.29 新增某一商品问答配置

3. 店铺问答诊断

店铺问答诊断结合了人工智能,为训练师提供无答案、不满意、高热度等场景下的推荐答案,帮助训练师提升配置效率,包括问题识别优化和答案质量提升。

4. 跟单助手

跟单助手包括跟单场景任务、疲劳度控制和过滤人群设置等三个功能。

(1)跟单场景任务包括配置面板、任务列表、数据看板和话术管理等四个模块,如图 9.30 所示。

图 9.30 跟单助手

1）配置面板。配置面板包含促进增收、直接增收和售后服务。其中，促进增收用于在咨询过程中进行营销促进，可提升转化率 10%～20%；直接增收用于对历史未成交和已成交买家进行营销，利用店铺私域流量增收；售后服务可为买家提供主动售后服务，提升买家购物体验。

2）任务列表。任务列表展示了任务名称、任务场景、发送渠道、任务有效期、任务状态及操作等信息。

3）数据看板。数据看板展示了下单未支付、预售尾款未付、咨询未下单、意向用户唤醒、复购营销、智能私域营销、签收未确认、确认收货后邀评及发送使用说明等信息。

4）话术管理。话术管理提供自定义话术、自定义人群、自定义语音音色、自定义发送时段的自定义能力，但在外呼场景上要求为服务域场景，营销性质话术不允许外呼。

（2）疲劳度控制可以设置向单个买家每隔多长时间发送 1 条跟单信息，最多设置 10 天，最小设置 1 天。

（3）过滤人群，可以设置不向其发送跟单信息的人群，如黑名单、外呼黑名单、负面人群、转化无效人群及售后人群等。

5．智能商品推荐

智能商品推荐是系统基于阿里店小蜜"千人千面"的智能推荐算法，在不同场景下，给买家推荐最有可能成交的商品，最终提高客单价。在该页面可设置以下三种模式：①求购推荐，当买家发起求购需求时，系统可通过智能导购进行商品推荐；②搭配推荐，当买家表达出明确的购买意图时，系统可智能搭配推荐商品，提升客单价；③其他推荐，阿里店小蜜可识别无货推荐、凑单推荐、爆款推荐等多种特殊推荐的场景，可一键开启。此功能需要卖家配置两件爆款商品和对应推荐话术，阿里店小蜜将随机选择一个发送给符合条件的买家。

9.2.5　跟单工具

为了提高客服的转化效率，平台还提供了跟单工具，点击千牛工作台左侧菜单的"客服"→"接待管理"→"跟单工具"，可看到图 9.31 所示的跟单工具。

图 9.31　跟单工具

（1）自动催拍。自动催拍是买家咨询后 5 分钟未回复且未下单，将自动对买家推送催拍消息，根据买家特点推荐搭配、优惠券、买家秀等内容，消息由最近联系角色身份发送（人工客服或自动助手）。卖家只要在"催付设置"中设置好催拍方案、催拍内容等，然后点击"保存"即可。

（2）自动催付。当消费者下单但未付款时，对静默客户和有咨询记录的客户进行自动催付，适当催付能够提升下单转化率。卖家只要在"催付设置"中设置好催付方案、时间、话术等，然后点击"保存并启用"即可。

（3）自动核单。自动核单是当消费者付款后，向消费者发送卡片核对订单信息。其设置方法与自动催付类似，在核单设置页面设置好发送时间、核单内容等保存即可。

（4）补货提醒。补货提醒是在缺货时，消费者可以在商品详情页自助申请补货，到货后，系统将自动发送到货通知给申请补货的消费者，全自动通知，不占用客服资源。该工具启用后立即生效。

（5）售后服务通知。售后服务通知是在售后履约过程中通知消费者相关服务信息，如虚拟发货通知、补发通知、改地址通知、延迟发货通知、打款通知、拆包发货通知、缺货通知、发票通知及退货通知等。

9.3　客户运营

客户信息是网店拥有的宝贵财富，网店的核心就是客户，而客户的忠诚度决定着网店的发展潜力和客户对网店的认可度。客户运营的目的是通过开展活动、推广、引导等手段，使客户有更好的体验并产生更多的需求，提升客户的忠诚度。卖家可以通过千牛工作台选择"私域"→"用户运营"，进入用户运营页面，如图 9.32 所示。

图 9.32　"用户运营"页面

私域关系用户指基于"关注/入会/购买"而形成的"粉丝/会员/老客"关系。粉丝是指对店铺/直播间/内容账号产生兴趣并关注的用户；会员是指主动授权商家个人信息并绑定会员卡的用户；老客是指基于当前统计周期，前 365 天内有成交的用户。整体来看，私域关系用户在部分行业中已经成为商家生意的主要组成部分，这些用户具有回访频率更高、逛店深度更深、停留时间更长的特点。因此，私域关系用户也更容易复购，展现出更显著的长线价值，商家必须重视私域关系用户的运营。

9.3.1　粉丝运营

粉丝运营策略包括关注立减等多种，如图 9.33 所示。

图 9.33 粉丝运营页面

1. 关注立减

关注立减通过设置优惠券的方式引导有下单意愿的消费者关注店铺，能够大幅提升转化率，给店铺带来高质量粉丝。其设置后自动展示在店铺首页"关注"和通过详情唤起的下单页，仅店铺非粉丝可见，且每个消费者最多领取 1 张关注店铺券。关注立减优惠券面额大于5 元，商家可以自行设置使用时间和发放数量，如图 9.34 所示。

图 9.34 关注立减活动设置

2. 粉丝抢福利

粉丝抢福利通过在关注流内给粉丝发红包及优惠券的方式，促进粉丝进店、转化，逐步培养粉丝定期复访复购的习惯。

3. 搜索惊喜码

搜索惊喜码支持消费者在手淘搜索中输入"惊喜码"获取专享权益，通过手淘搜索直达进店。惊喜码是商家创建的文字或者数字口令，通过站外多渠道推广，吸引消费者在淘宝领取权益和产生裂变传播。对于有活跃社群或者稳定合作达人的商家，可以利用惊喜码激活社群、多渠道引流，实现用户资产和成交转化率双增长。

4. 客服惊喜码

客服惊喜码支持消费者对客服发送特定关键字词时返回权益卡片，向外推广"暗号"拉动客户进店，并促成转化。"暗号"是商家创建的文字或者数字口令。

5. 关注内容

商家面向关注用户展现店铺当下优惠、即时上新等消息，助力商家触达更多粉丝，提升活跃度及转化率。

6. 淘宝群

商家创建淘宝群后，可通过群发消息触达粉丝，定期通知店铺活动，提升粉丝黏性。商家可以设置不同的入群门槛，从而实现分人群运营策略。

商家创建淘宝群，需要满足以下任一条件：①店铺状态正常、近30天支付宝成交笔数大于等于90笔；②店铺状态正常、店铺近180天成交金额在100元万元及以上。

7. 短信

商家可通过短信及时推送交易进程、售后等消息，为粉丝提供良好购物体验。

8. 粉丝头条

粉丝头条是在首页关注等场景，通过精准投放提升曝光率让更多店铺粉丝看到，持续促进粉丝互动、活跃和进店。

粉丝头条推广创建需要设置推广主体（发布的关注内容）并选择套餐包及投放日期，然后支付相应费用即可。

9. 粉丝内购会

粉丝内购会是平台推出的给淘宝、天猫商家针对店铺细分人群（粉丝、老客、会员）做专享优惠、"尖货"首发、新品上架或临期清仓等活动时使用的针对单商品直降或打折的营销工具。商家可以基于商品日历或营销主题定期在店内组织内购会，促进店铺细分人群复访复购，创建更多与用户沟通的机会。内购价格仅对特定人群生效，优惠不计入最低价，但销量计入商品销量。

粉丝内购会活动创建需要以下几步。

（1）设置活动信息，包括活动名称、时间、活动页面标题、背景图等。商家可以设置活动预热，这样在活动正式开始前，消费者可以在订阅、首页等入口发现并预约，提前蓄水。

（2）选择活动适用的店铺人群，包括粉丝人群、会员人群、老客人群（近365天在店铺有成交记录的人群），非目标人群不可参与活动。

（3）设置优惠，可以选择折扣和减价的方式，商品数量范围为3~100件，商品数量较多时可以采用批量设置的方式。人群内购优惠为满足条件的用户提供直降的价格，不再叠加其他优惠，不计入大促最低价校验。

为了获得更高的活动人气，商家可以开启裂变减价，添加裂变活动。

10. 新品清单

新品清单是面向特定人群展示的定时上架货品清单，通过货品上新的推广吸引用户关注和入会。新品清单设置方法与粉丝内购会类似，但是无须让利，不需要设置红包和优惠券。

11. 多人拼团

拼团工具帮助商家组织店铺内拼团活动，希望通过较低的拼团价吸引用户自发分享，带来成交新客。多人拼团通过低价吸引用户裂变，助力病毒式传播。多人拼团创建时需要设置活动名称、活动时间、背景图及活动商品。

12. 粉丝专享价

粉丝专享价是商家针对店铺粉丝人群灵活设置商品或 SKU 的促销价格或折扣，结合上新、清仓等活动节点进行配置，加速粉丝下单转化率。

9.3.2 会员运营

会员运营是客户运营的一个核心组成部分。当客户成为网店的会员之后，卖家要通过各种运营手段让会员对品牌产生信赖感，从而提高会员忠诚度，提升复购率。同时卖家可以通过一些简单的互动，如签到、抽奖等，吸引会员主动回访，获得免费的高价值流量，带来很好的收藏加购率以及转化率。目前，淘宝平台所有商家均可开通会员。

9.3.2.1 开通会员运营

会员运营可以在客户运营平台进行，点击千牛工作台左侧菜单的"私域"→"用户运营"→"会员运营"，如图 9.35 所示，点击"进入客户运营平台"，即可进入客户运营平台。

在客户运营平台依次点击"会员管理"→"忠诚度设置"，就可以对会员等级进行设置。如果已经设置过 VIP，在打开的页面中点击"修改设置"，如图 9.36 所示；如果首次设置 VIP，在打开的页面中点击"立即设置"，进入 VIP 设置页面，如图 9.37 所示。

淘宝网后台的会员管理系统将会员分为普通会员、高级会员、VIP 会员、至尊 VIP 会员等四个等级。满足店内指定的消费条件并且消费者主动授权加入会员后将成为店内对应等级会员。下面介绍 VIP 的设置方法。

在打开的页面中，设置会员卡名称、选择需要设置的会员等级。例如，选择高级会员，可点击"高级会员（VIP2）"右侧的"设置"，即可进入"高级会员（VIP2）"的设置页面，如图 9.38 所示。

图 9.35 会员运营页面

图 9.36　VIP 设置（一）

图 9.37　VIP 设置（二）

在"高级会员（VIP2）"设置页面，卖家可以设置会员卡交易额或交易次数、会员可以享受的折扣、会员卡外观等，设置完成后，点击右上方的"保存"即可。

图 9.38　VIP 设置（三）

设置好后，需要在无线端首页装修添加"店铺会员模块"，保存并发布才能获得更多的触达机会，使满足条件的用户看到会员入口。

9.3.2.2　会员权益设置

卖家可以通过设置会员权益实现新会员招募、老会员回购等目的，从而提升与维护会员的忠诚度。可设置的会员权益类型包含专享权益和会员活动。

专享权益有新会员礼包、会员专享券、会员专享礼、积分兑券、积分兑礼、积分抵扣、会员等级折扣、会员优先接待等，会员活动有周三会员日、会员优先购、会员早鸟价、15 天无理由退货、优先退款、会员运费险、生日礼等，如图 9.39 所示。

1.　新会员礼包

新会员礼包适用于招募新会员场景。

新会员礼包中可设置优惠券和礼品，礼品需要 0.01 元+邮费购买，邮费需单独在千牛工作台设置，礼品需为赠品类目，目前只有天猫旗舰店可以设置礼品，C 店和海外店无法设置。

礼品可以备注"随单发货"等文字。

图 9.39　会员权益设置页面

新会员礼包同一时段只允许存在于一个进行中的活动中，如果要同时设置优惠券和礼品，可以在一个活动内设置。新会员礼包只有首次入会的会员在 24 小时内可以看到。

2.　会员专享券

会员专享券适用于老会员激活场景。

会员专享券作为店铺日常会员权益，卖家可以每月设置，且优惠力度尽量大于非会员券。

3.　积分兑券和积分兑礼

积分兑换类活动适用于日常提升会员活跃度，以维系会员黏性，激励会员在店内进行消费。

积分兑券是通过创建会员专享优惠券吸引会员抢兑。商家可以针对不同等级的会员，设置不同的积分兑换门槛，体现不同等级会员的差异化特权。

积分兑礼是默认 0.01 元+积分的形式，给会员兑换。礼品需为赠品类目下商品。

4.　周三会员日

"周三会员日"是为卖家提供的周期性会员营销活动，通过每周活动，激励会员主动回访，帮助卖家促进会员活跃及分层转化。

每周三店铺会员可抽取全店会员大额专享券，前六天（上周四至本周二）为活动蓄水期，会员可订阅活动。会员大额专享券作为店内最大力度优质会员权益，会优先派发给有购买潜力的会员，以提升其转化率。

9.3.2.3　会员任务

官方为卖家提供了会员运营小工具，卖家可设置"签到""浏览商品""发表优质评价"等互动任务，如图 9.40 所示。采用互动赠送积分方式，增强会员中心的可玩性，提升会员的参与度和活跃度，有效帮助卖家持续激活会员。

图 9.40　会员任务

9.3.2.4　客户列表

在客户列表中可以查询部分客户的信息，如"会员级别""交易总额""当前可用积分"等，如图 9.41 所示。

客户分为以下三种类型：①成交客户，指在店铺内有"交易成功"的订单，如果是首次下单的客户，若未确认收货，不属于成交客户；②未成交客户，指在店铺内有"交易关闭"的订单，且无"交易成功"的订单的客户；③询单客户，指在旺旺上有过聊天记录的客户。

在客户列表中可以选择客户，查看其详情或在店内交易记录；可以设置分组，手动为客户打标签。官方提供三个默认的分组：禁止购买、短信黑名单和专属客服消息黑名单（见图9.42）。这三个分组有特殊作用："禁止购买"分组下的客户无法购买店内商品；"短信黑名单"分组下的客户将不会收到本店铺的营销短信；"专属客服消息黑名单"分组下的客户不会收到专属客服主动群发的消息（包括日常触达、上新消息等营销类消息）。禁止购买分组只有 C 店可以使用，天猫店无法禁止客户购买。卖家可以选择客户进行批量设置标签或会员等级，并且开展送优惠券、送支付宝红包、送流量等营销活动。

图 9.41　客户列表

9.3.3　老客运营

为了提升老客复购率，卖家可以采用老客运营工具来进行运营，促进老客回购。登录千牛工作台，点击"私域"→"用户运营"→

图 9.42　客户分组

"老客运营"进入老客运营页面，如图9.43所示。在该页面可以看到老客运营的核心数据，如老客人数、回访人数、复购人数、复购金额等。

图9.43 老客运营页面

"老客工具"下提供了提升客单工具、老客复购工具、老客触达工具等。

图9.44 提升客单工具

1. 提升客单工具

提升客单工具包括购后追单和老客礼赠，如图9.44所示。

（1）购后追单。商家如果开启购后追单，在用户完成本店商品的购买后，系统会抓取商家内购会在线的部分优惠折扣商品及报名天猫U先的部分商品下发给用户，商品价格需低于店铺客单价的70%；若无合适商品，则不下发追单消息。该工具能够在用户购后实现精准推荐优惠商品来提升老客客单价。使用该工具需要选择内购会优惠商品并设置客服消息文案，然后确认开启购后追单即可。

（2）老客礼赠。老客礼赠是通过设置老客购买指定商品和购买指定额度商品，可获得赠品，提升老客购买转化率。活动创建需要设置活动信息，包括活动名称和时间，并可设置活动预热及到期提醒。

2. 老客复购工具

老客复购工具有复购券、老客直减和内购会等，如图9.45所示。

图9.45 老客复购工具

（1）复购券，是展示在订单列表和订单详情中的优惠券，通过发消息召回未用券的消费者，帮助商家召回老客进行复购。

（2）老客直减，是通过单品宝渠道设置老客专享价，更有利于提升老客转化率。商家可以通过对店铺内商品设置折扣、减钱、促销价的方式留存老客和增强老客黏性，最大化消费者生命周期价值。

（3）内购会，与粉丝内购会设置方法相同，只是选择的人群是老客，能够有效促进老客成交转化。

3. 老客触达工具

老客触达工具有短信和群，如图9.46所示。

图9.46 老客触达工具

（1）短信，商家可以通过短信及时推送交易进程、售后、店铺活动等消息，将信息有效触达用户。

（2）群，商家通过群发消息来触达老客，实现定期通知店铺活动，提升老客黏性。点击图9.46中群的"设置"按钮，可以进入淘宝群运营平台，如图9.47所示。商家可以利用提升拉新、活跃召回、成交转化等工具对群进行运营。

图9.47 淘宝群运营平台

9.3.4 自定义运营

卖家可以自定义人群，并针对不同的人群采取不同的运营策略。在进行自定义人群运营时，卖家首先要新建人群圈选，然后再进行策略投放。

1. 人群管理

人群是通过标签圈选后支持各类渠道应用的客户组，卖家可通过人群列表进行人群管理，并且实现快速进行人群的洞察分析及策略发起。人群类型包括官方推荐人群、渠道同步人群、行业定制人群和自定义人群。

（1）官方推荐人群，即通过平台或行业算法直接推荐的人群。

（2）渠道同步人群，即来自淘系数据产品的同步人群，例如达摩盘、数据银行及天猫超市等一系列淘系产品中创建的人群。

（3）行业定制人群，即通过行业定制的策略人群。

（4）自定义人群，即通过人群标签进行自主筛选形成的人群。

> 📖 **小贴士**
>
> **标签与自定义人群**
>
> 标签是基于消费者的元数据（包括行为、特征等）聚类出来的一系列特征，是创建人群的基础元素。自定义人群是通过标签或标签间的组叠形成的一组具有一致运营目的的人群。

卖家可以在图 9.48 所示的"人群管理"页面中点击"新建人群圈选"来创建自定义人群，进入"创建人群"页面，如图 9.49 所示。选择标签并设置具体标签内容，即可筛选出指定人群。点击"立即保存人群"即可创建人群。

图 9.48 "人群管理"页面

图 9.49 "创建人群"页面

2. 自定义人群运营

创建人群之后，可以针对某类人群进行推广，如图 9.50 所示。

图 9.50　场景营销选择

点击人群后面的 ⊙，可以对该人群实施精准营销。先设置基本信息，再选择优惠券，然后选择投放渠道，最后点击"一键推广"即可完成，如图 9.51 所示。

图 9.51　人群运营设置

人群运营的工具主要有店铺人群海报、复购提醒、短信触达、店铺人群优惠券、新客触达、会员生日礼短信等，如图 9.52 所示。其中店铺人群海报、店铺人群优惠券、新客触达在运营时需要在手机店铺首页装修加入对应模块，才能推送给客户；复购提醒是针对购买过店铺复购率较高商品的客户，通过消息盒子等方式推送复购提醒信息；短信触达是以短信形式推送交易进程、售后客服等最新消息，发送后将扣除短信费用。

图 9.52　人群运营工具

本章小结

客服和客户运营是网上开店的两个重要环节。网店客服是网店与买家之间的纽带和桥梁，优质的客服对网店的良性发展起着非常重要的作用，本章从网店客服人员的沟通技巧开始，对客服工作中的售前客服人员、售后客服人员应该具备的技能和知识进行了梳理，同时介绍了淘宝网店客户接待与客户运营的方法。希望读者通过本章的学习，可以快速、有效地提升个人工作技能，最终提升网店销售额。

课后习题

一、名词解释

售后服务　阿里店小蜜　客户忠诚度　标签

二、单项选择题

1. 在向买家推荐商品时，客服人员的正确做法是（　　）。

    A. 推荐网店最热销的商品，因为好评多买家容易接受

    B. 推荐网店利润最高的商品，因为利润赚得多

    C. 引导买家说出需求，推荐买家所需要的商品

    D. 推荐自己认为好的商品

2. （　　）属于售前客服工作内容。

    A. 催付　　　　　　B. 退/换货处理　　　　　C. 评价处理　　　　　D. 以上都是

3. 买家对商品的价格有异议时，想让客服人员优惠一些，客服人员的正确做法是（　　）。

    A. 满足买家的需求，答应买家的议价，爽快地给买家优惠

    B. 婉转地拒绝买家，用商品的卖点引导买家，突出商品的价值，转移买家对价格的关注

    C. 直接拒绝买家，告知买家网店一概不议价，这样不浪费时间

    D. 以上做法都不对

4. 关于优化阿里店小蜜的目的，以下正确的说法是（　　）。

    A. 提升客户体验　　　　　　　　　　　　B. 降低阿里店小蜜转人工率

    C. 提高询单转化率　　　　　　　　　　　D. 以上都是

三、简答题

1. 简述网店客服人员的沟通技巧。

2. 简述会员运营如何开展。

3. 针对新老客户可以分别采取哪些运营策略？

四、复习思考题

1. 买家 A 从某网店买了一件衣服，收到货后发现衣服上有一个破洞，于是给了网店一个中评，评价内容为："衣服质量不错，但是有一个破洞。"遇到这样的问题，售后客服人员

应该如何处理？

2．买家 B 联系客服人员，说衣服没有收到，但是物流跟踪记录显示已经签收，请分析有哪些情况会造成这样的问题，以及应该如何解决这样的问题。

3．网店与买家 C 约定 48 小时内发货，但是 3 天了货还未发出，网店是否违规？为了避免客户投诉，客服人员应该如何与买家沟通？

4．谈一谈应该如何做好自己淘宝网店的客户运营。

5．如果阿里店小蜜已识别买家问题但未解决该问题，可以通过什么方案进行优化？

📖 实训任务

实训任务一：催付工具的使用

找出自己淘宝网店中全部等待买家付款的订单，挑选出金额最大的未付款订单，进行如下操作。

1．针对这个订单，通过查看聊天记录等方式找出买家未付款的原因。

2．选择合适的催付工具，组织好催付话术，选择最合适的催付时间进行催付。

实训任务二：阿里店小蜜基本功能的设置

进入自己淘宝网店的阿里店小蜜后台，进行如下操作。

1．选择"店小蜜"机器人，开启全自动接待模式，并设置分流模式为"全店人工优先接待"。

2．在商品知识库中，新增自定义知识。

3．在店铺问答诊断中，根据智能诊断结果优化商品知识库内容。

实训任务三：千牛工作台的使用

1．将千牛好友根据需要进行分组。

2．在签名中放置网店营销信息，设置并且运用快捷短语。

3．在接待工具中设置自动回复。

实训任务四：客户运营平台的应用

进入自己淘宝网店后台的客户运营平台，进行如下操作。

1．对自己网店的现有客户信息进行维护，如会员状态、分组等。

2．尝试针对不同级别的客户进行营销活动，如送优惠券、会员立减等。

📖 视野拓展

淘宝用户运营技巧　　淘宝客服话术　　淘宝客服促成下单小技巧

第10章　网店运营数据分析

【知识框架】

【学习目标】

1．了解网店运营数据分析的意义和流程。

2．学会对网店运营中的核心数据进行分析。

3．能灵活使用生意参谋对网店运营数据进行分析。

随着各大网店平台的逐步规范化及专业化，网店竞争变得异常激烈。怎样才能使自己的网店获取更多的流量和销量，成为卖家重视的问题。越来越多的卖家意识到数据是网店运营坚实可靠的后盾，在网店运营越来越专业化的情况下，只有重视数据分析，才能有效开展网店运营。

网店数据分析是通过数据的形式把网店各方面情况反映出来，使卖家更加了解网店的运营情况，便于卖家调整网店的运营策略。卖家要随时关注网店最核心、最重要的数据。为了更方便地进行数据分析，卖家还要善于运用数据分析工具（如生意参谋等）进行数据分析。

10.1 网店运营数据分析的意义和流程

网店的运营从选择行业、进货，到商品上架、设定价格，再到"爆款"打造、库存管理等，都离不开相应的数据分析。数据分析可以帮助卖家做出正确的判断，采取适当的行动。

10.1.1 网店运营数据分析的意义

数据分析在网店运营中扮演了多重重要的角色：它可以是预测师，帮助网店选款、预测库存周期、预测未来风险；它可以是规划师，合理规划网店品类布局、装修样式等；它可以是医师，诊断网店的状况，对"已生病"的网店找出"病源"并对症下药；它可以是行为分析师，通过买家购买的物品、单价、花费、活跃时间、客服聊天反馈等分析买家的行为特性；它可以是营销师，通过对现有资源的合理分析，做出最优的销售计划，促进销量增长。

监控网店数据有四大作用：及时发现问题、分析多重问题、建立历史档案和自由对比分析，如图10.1所示。卖家需要随时监控全店各类数据，发现异常数据应及时采取对策，以减少网店的损失。数据分析最大的作用就是可对多重问题从多个维度进行分析。成功的网店几乎都是经历了长时间的经验积累后才逐步发展起来的，而这些经验的积累都基于对历史数据的保留与分析。对每件商品进行长时间的数据统计就一定会发现规律，好好利用这些规律就能提高商品的销

图 10.1 监控网店数据的作用

量。与网店有关的数据种类有很多，收集整理好这些数据就可以方便对其进行对比分析。

10.1.2 网店运营数据分析的流程

图 10.2 网店运营数据分析的流程

网店运营涉及的数据非常广泛，网店运营数据分析的流程如图10.2所示。

1. 收集数据

在分析网店数据之前，首先需要收集数据，尽量获得完整、真实、准确的数据，做好数据的预处理工作，以便量化分析工作的开展。收集网店数据的途径主要有如下几种。

（1）网店后台的数据。网店后台可以获取的数据有买家数据（购买时间、买家性别、所属地域、来访次数、停留时间等）、订单数据（下单时间、订单数量、商品品类、订单金额、订购频次等）、反馈数据（买家评价、退货换货、买家投诉等）等。

📖 小贴士

网店运营数据分析
流程

（2）搜索引擎的数据。通过电商平台的搜索引擎可获取的数据有网店在"店铺"搜索中的排名及关键词在"宝贝"搜索中的排名情况等（利用淘宝网首页中搜索引擎的"宝贝"和"店铺"标签搜索）。

（3）统计工具的数据。网店的统计工具有很多，如淘宝网的生意参谋等。使用统计工具可以获取访客来自哪些地域、访客来自哪些渠道、访客来自哪些搜索词、访客浏览了哪些页面等数据信息以及广告跟踪信息等。

（4）调查问卷收集的数据。问卷调查是最常用的一种数据收集方法，它以问题的形式收集用户的需求信息。卖家可自行设计问卷进行调查。

2．量化分析

数据分析不只是对数据的简单统计描述，还要通过数据发现问题的本质，然后针对确定的主题进行归纳和总结。常用的数据量化分析方法有以下几种。

（1）趋势分析。趋势分析是将实际达到的结果与不同时期报表中同类指标的历史数据进行比较，从而确定变化趋势和变化规律的一种分析方法。具体的趋势分析方法包括定基比、同比和环比三种：定基比是以某一时期为基数，将其他各期数据与该期数据进行比较；同比是将本时期数据与去年同一时期数据进行比较；环比是将某一时期数据与上一时期数据进行比较。

（2）对比分析。对比分析是把两个相互联系的指标数据进行比较，从数量上展示并说明研究对象规模的大小、水平的高低、速度的快慢，以及各种关系是否协调。在对比分析中，选择合适的对比标准是十分关键的步骤，标准合适，才能做出客观的评价，反之则可能会得出错误的结论。

（3）关联分析。如果两个或多个事物之间存在一定的关联，那么其中一个事物就能够通过其他关联事物进行预测。关联分析的目的是挖掘隐藏在数据中的事物间的相互关系。

（4）因果分析。因果分析是为了确定引起某一现象变化的原因，主要解决"为什么"的问题。因果分析就是在研究对象的先行情况中，把作为它的原因的现象与其他非原因现象区别开来，或者是在研究对象的后行情况中，把作为它的结果的现象与其他的现象区别开来。

3．提出方案

将数据量化分析的结果进行汇总、诊断，并提出最后的网店运营优化方案。

（1）评估描述：对评估情况进行客观描述，用数据支持自己的观点。

（2）编制统计图表：运用柱状图和条形图对基本情况进行更清晰的描述，运用散点图和折线图等表现数据间的因果关系。

（3）提出观点：根据数据分析结果，提出自己的观点，预判网店的发展趋势，给出具体的改进措施。

（4）制作演示文档：基于以上三点进行总结归纳，列出条目，制作一份详细的演示文档，进行演示和讲解。

4. 优化改进

随着改进措施的实施，要及时了解运营数据的变化，不断优化和改进，力争标本兼治，使同类问题不再出现；持续地监控和反馈，不断寻找能从根本上解决问题的最优方案。

数据分析是一项长期的工作，同时也是一个循序渐进的过程，需要网店运营人员实时监测网店运营情况，及时发现问题、分析问题并解决问题，这样才能使网店健康、持续地发展。

10.2 网店运营数据分析的核心数据

涉及网店运营的数据类型有很多，但是最核心、最重要的数据有流量数据、订单数据、客服数据、店铺动态评分数据、转化率数据等。卖家应实时监控这些决定着网店经营好坏的数据，及时跟上市场发展的脚步。

10.2.1 流量数据

网店有销量的首要条件就是有买家进入网店，而进入网店买家的多少就代表了流量的大小。流量数据是网店的重要监控对象。

10.2.1.1 流量来源

按照收费方式，流量来源可以分为免费流量和付费流量。

1. 免费流量

（1）关键词搜索带来的流量，是指没有付费做广告推广，买家通过关键词搜索等途径进入网店的流量。这类流量是网店最想要的流量，成本低、精准度较高。卖家都希望自己的商品能展示在网站搜索结果页最显眼的位置上。因为显眼，点击量就大，网店获得的免费流量也就较多。但是，任何商品都有一定的周期，要想商品时时刻刻都排名靠前不太现实。多数卖家的做法是将网店中具有不同生命周期的商品分批上架，这样即使有一款商品进入衰退期，也会有新的商品跟上，进而维持网店的免费流量。

（2）自主流量，是指买家主动访问网店的流量，这样的买家通常在网店中已经有过成功的交易经历，因此才会通过直接访问、收藏商品/网店、购物车等渠道来回访网店，这样的流量十分稳定且转化率也很高。另外，买家会再次进店购物，正说明了他们对网店中的商品质量和价格比较满意，这时卖家只要维护好和老客户的关系，就会产生一定的复购或转介绍订单，这无形中又增加了新的流量。

（3）站外免费流量，大多来自贴吧、论坛、社区、微博、短视频等，可以靠卖家自己去发帖推广，也可以雇用别人去推广。这种流量的精准度不高，销售效果自然得不到保证。

2. 付费流量

付费流量是指付费推广引入的流量。这样的流量精准度高，容易得到，只要花钱就会产生。淘宝网上常见的付费流量有淘宝客、精准人群推广和关键词推广等。由于付费流量会增加成本，所以卖家需要仔细斟酌，以免投入产出比失衡。

图 10.3 解决流量问题的思路

流量关系到网店的生死存亡，然而流量入口众多，类型各异，网店流量出现了问题，卖家要有一个清晰的解决思路，如图 10.3 所示。当卖家发现流量在下降时，就要查看各类型流量数据，分析不同类型流量的变化趋势，弄清导致这类流量出现波动的因素，找到问题关键，最后对症下药。

【例 10.1】某网店主要出售果园现摘的时令水果，主打原生态品牌，以迎合消费者的喜好。起初网店有一些流量，但是好景不长，网店几天之内流量忽然少了一半。店主很奇怪，自己既没有修改过主图和标题，也没有编辑过页面，流量怎么忽然少了这么多？没有流量就没有销量，果园里的果子马上就要成熟了，正是销售的好时节，这个时候没有流量，对网店的打击是非常大的。

不得已，店主开始仔细查看网店的经营数据。经过分析，店主发现网店的付费流量和自然流量都减少得非常厉害，并且一两个星期前就有了这种趋势。付费流量减少，可能是商品主图、商品价格、商品销量、商品选款或商品关键词出了问题。自然搜索流量减少，可能是行情有变、关键词有问题，也可能是某个引流商品的流量出了问题。店主依次对每个可能的因素进行分析排查。店主在查询了当前行业的热搜词和同类目网店的销售情况后发现，原来换季之后，买家纷纷开始搜索应季鲜果，之前网店主推的水果成了换季的"淘汰品"，搜索人数因此减少了一大截。市场行情变了，但自己网店的主推商品没有及时跟上市场的变化，不仅主推商品的流量损失了很多，还影响了网店的整体排名。

找出问题之后，店主立刻着手整改网店，重新优化当季鲜果的商品标题、主图、详情和价格等，又设置好商品上下架时间，通过数据分析工具密切关注优化后的流量动向，并慢慢进行调整，最终扭转了之前的劣势。

10.2.1.2 流量数据类型

在网店运营过程中，需要关注的流量数据包括店铺流量数据和商品流量数据两种。

1. 店铺流量数据

店铺流量数据包括以下几项。

（1）店铺访客数，统计的是观看店铺自播直播间、观看自制全屏页短视频 3 秒及以上、浏览店铺自制图文 3 秒及以上、浏览全屏微详情、访问商品详情页及店铺其他页面的去重人数。

> 📖 **小贴士**
>
> **去　重**
>
> 　　去重，通常为去重计算。去重计算指在不同的时间维度内，重复一个行为产生的数据只计算一次，按照时间维度去重包括按小时去重、按日去重、按周去重、按月去重或按自选时间段去重。
>
> 　　例如：访客数的去重计算是，同一个访客在所选时间段内产生多次访问行为，只记录该访客的一次访问行为，访客数记录为 1。若选择的时间维度为"按天"，则即使同一个访客在当日内产生多次访问行为，访客数也记录为 1。

（2）店铺浏览量（Page View，PV），统计的是观看店铺自播直播间、观看自制全屏页短视频3秒及以上、浏览店铺自制图文3秒及以上、浏览全屏微详情、访问商品详情页及店铺其他页面的次数。访客每打开一个网店页面就被记录为一次，多次打开同一页面浏览量累计。一个访客可以多次产生浏览量。

（3）店铺跳失率，指的是在统计时间内访客中发生一次点击行为（收藏、加购、咨询、点击评价、点击超链接等行为）就离开的人数/访客数，即一次点击人数/访客数。跳失率越低表示流量的质量越好。多天的跳失率为各天跳失率的日均值。

（4）人均浏览量，人均浏览量=浏览量/访客数，人均浏览量越高，表示访客质量越高。

（5）平均停留时长，平均停留时长越长代表访客对网店越感兴趣，购买商品的可能性也就越大。

（6）关注店铺数，关注店铺的访客数越多，说明对店铺感兴趣的访客越多。

2. 商品流量数据

商品流量是指用户访问商品所产生的数据，商品流量数据是网店数据分析需要关注的重点，这些数据会直接影响网店商品的销量。商品流量数据主要包括以下几项。

（1）商品访客数，是指访问商品详情页的访客去重人数。一个访客访问商品详情页，不论重复访问了多少次都记为一次。

（2）商品微详情访客数，统计的是浏览商品微详情3秒及以上的去重人数，一个访客在统计时间范围内访问多次只记为一次。商品微详情访客数指标上升代表商品主图或标题等内容对访客的吸引力上升。反之，则代表商品主图或标题等内容对访客的吸引力下降，需要优化商品主图和标题等内容，如采用简单、清晰的头图，选择能突出商品特点、有热度的标题词语等。

（3）商品浏览量，统计的是商品详情页的被访问次数。访客多次打开或刷新一个商品详情页，该指标值累加。

（4）平均停留时长，平均停留时长=所有访客总停留时长/商品访客数，多天的平均停留时长为多天的日均值。

（5）商品跳失率，是指统计时间内访客在商品详情页发生一次点击行为就离开的人数/商品访客数，即一次点击人数/商品访客数。

（6）商品收藏数和加购人数，指标值越高说明该商品的意向消费者越多，这部分消费者交易的概率也就越大。

10.2.2 订单数据

订单数据所反映的是某一时间周期内的店铺销售情况，订单数据主要包括以下几项。

（1）下单买家数，是指统计时间内拍下商品的去重买家人数。该数据反映店铺销售情况，通过下单买家数的同比和环比数据，可以了解本网店的销售变动情况。

（2）支付买家数，是指统计时间内完成支付的去重买家人数。该数据反映店铺销售情况，通过支付买家数的行业排名，可以了解本网店在行业中所处的地位。

（3）支付金额，是指统计时间内买家拍下商品后支付的金额总额。支付金额未剔除售后退款金额，预售阶段付款在付清当天才计入内，货到付款订单金额在确认收货时计入内。

（4）访客价值（UV 价值），计算的是统计时间内全店的支付金额除以访客数的值，表示每位访客能带来多少销售额。如果访客价值提高，表示人均消费金额增加；反之，则表示人均消费金额减少，商家应当关注影响客单价下降的商品，考虑是否需要进行单品的营销推广。

（5）客单价，计算的是统计时间内每一个买家的平均支付金额。客单价可以衡量统计时间内每位支付买家的消费金额大小，客单价是构成网店销售额的重要指标。如果网店的客单价低于行业平均水平，则说明本网店在关联销售、商品促销等环节存在不足，需要改进。

（6）退款率，是指统计时间内成功退款笔数/成交笔数。该数据反映店铺商品的品质好坏、商品的性价比以及服务态度，直接影响店铺的搜索排名。如果店铺的退款率高于行业平均水平，则说明网店的售中和售后服务存在问题，应及时予以处理。

10.2.3 客服数据

客服是影响网店销量的重要因素，并且网店做得越大就需要越多的客服人员，因此必须重视对客服人员的培养与激励。想检验网店每个客服人员的工作态度如何、业绩如何，就需要监控客服数据。监控客服数据，不是简单地了解每个客服人员每天的业绩是多少，而是需要精准地统计客服数据，其中有以下几个要点。

（1）对客服个人、客服团队、网店整体数据进行全方位的统计分析。

（2）统计客服人员的销售额、销量和销售人数。

（3）统计客服人员的客单价、客件数和件均价，分析客服人员的关联销售能力。

（4）多维度统计客服人员的转化成功率，包括从询单到最终下单的成功率，从下单到最终付款的成功率，以及从询单到最终付款的成功率。

为了公平、有效地评价客服人员的工作业绩、工作能力和工作态度，及时纠正偏差，改进工作方法，激励争先创优，优化客服团队，从而全面提升客服质量和网店效益，许多网店都会制定客服人员关键绩效指标考核方案。淘宝客服人员关键绩效指标考核是指淘宝网卖家通过对客服人员进行目标式的量化考核，使网店的总体运营目标可以分解成可操作性强、分工明确的个体目标。同时，淘宝客服人员关键绩效指标考核明确规定了客服人员的任务和业绩衡量指标。

> 📖 **小贴士**
>
> **关键绩效指标**
>
> 关键绩效指标（Key Performance Indicator，KPI）是通过对组织内部流程的输入端、输出端的关键参数进行设置、取样、计算、分析，衡量流程绩效的一种目标式量化管理指标，是把企业的战略目标分解为可操作的工作目标的工具，是企业绩效管理的基础。关键绩效指标可以使部门主管明确部门的主要责任，并以此为基础明确部门人员的业绩衡量指标。建立明确的切实可行的关键绩效指标体系是做好绩效管理的关键。关键绩效指标是用于衡量工作人员工作表现的量化指标，是绩效计划的重要组成部分。

表 10.1 是某网店制定的客服人员关键绩效指标考核表，可供读者参考。

表 10.1　某网店客服人员关键绩效指标考核表

考核年月：＿＿＿＿年＿＿＿月　　　　　　　　　　　　　　　　　　　被考核人签字：

序　号	关键绩效指标	权　重	详 细 描 述	标　准	分值	得分
1	询单转化率（X）	40%	询单最终付款人数/询单人数×100%	$X \geqslant 65\%$	100	
				$60\% \leqslant X < 65\%$	90	
				$55\% \leqslant X < 60\%$	80	
				$45\% \leqslant X < 55\%$	75	
				$X < 45\%$	65	
2	支付率（F）	25%	支付宝成交笔数/拍下笔数×100%	$F \geqslant 95\%$	100	
				$90\% \leqslant F < 95\%$	90	
				$85\% \leqslant F < 90\%$	80	
				$80\% \leqslant F < 85\%$	60	
				$F < 80\%$	0	
3	落实客单价（Y）	5%	客服人员落实客单价/网店客单价	$Y \geqslant 1.18$	100	
				$1.14 \leqslant Y < 1.18$	90	
				$1.12 \leqslant Y < 1.14$	80	
				$1.1 \leqslant Y < 1.12$	60	
				$Y < 1.1$	0	
4	首次响应时间（ST）	10%	首次响应时间（以秒为单位）	$ST \leqslant 15$	100	
				$15 < ST \leqslant 20$	90	
				$20 < ST \leqslant 25$	80	
				$25 < ST \leqslant 30$	60	
				$ST > 30$	0	
5	平均响应时间（PT）	10%	平均响应时间（以秒为单位）	$PT \leqslant 30$	100	
				$30 < PT \leqslant 35$	90	
				$35 < PT \leqslant 45$	80	
				$45 < PT \leqslant 55$	60	
				$PT > 55$	0	
6	其他	10%				
7	总得分	100				

评　级		差评处理情况			
业绩奖金		差评奖金		总奖金	

10.2.4　店铺评分数据

店铺评分数据包括店铺综合体验分和店铺动态评分两种。

10.2.4.1　店铺综合体验分

淘宝店铺综合体验分是淘宝平台为了帮助淘宝卖家提升服务体验所建立的一套全链路消费者服务体验评估标准。通过对店铺综合体验能力的认证评定，从商品体验、物流体验、服务体验等维度进行考评，给出综合体验分。目前店铺综合体验分为 3～5 分。

1. 店铺综合体验分对卖家经营的影响

（1）考核表现面向消费者展示：综合体验分及项目分表现将直接在店铺首页、印象页等地方展示给消费者，为消费者下单决策提供参考，如图10.4、图10.5所示。

图 10.4　店铺体验分在首页展示　　　　图 10.5　店铺体验分在店铺印象页展示

（2）影响商品搜索流量：综合体验分直接影响手淘首页商品搜索曝光度，综合体验分越高，商品搜索排名越靠前。

（3）影响营销活动报名：综合体验总分及项目分过低，将影响淘宝卖家报名日常行业活动、大促活动（"6·18""双11"等），以及报名参加聚划算、天天特卖、百亿补贴等营销活动。

（4）影响店铺前台透标：综合体验总分及项目分过低，淘宝卖家无法获得金牌客服、金牌卖家、神店榜等评选资格。

（5）影响消费者复购：根据平台数据分析，综合体验分越高，消费者复购概率越大。

2. 店铺综合体验分的计算方法

店铺综合体验分的计算公式为：店铺综合体验分 = 商品体验得分×该项权重 + 物流体验得分×该项权重 + 服务体验得分×该项权重。

（1）各单项得分：根据商家某单项指标在所处的主营类目中的排名综合计算得出在任一单项上，卖家的体验得分都是 3～5 分。

（2）单项权重：根据各行业策略要求，不同时期不同类目的权重不同。例如，店铺甲属于某类目，单项维度得分权重如下：商品体验 4 分，权重 $A\%$；物流体验 3 分，权重 $B\%$；服务体验 5 分，权重 $C\%$。则店铺甲的店铺综合体验分 = $4×B\% + 3×A\% + 5×C\%=X$ 分。

3. 店铺综合体验分的指标体系

（1）商品体验得分有以下两个指标。

$$首次品退率 = \frac{近30天支付订单里发起退款且首次原因为商品质量或品质相关的订单笔数}{近30天支付成交订单笔数}$$

$$商品差评率 = \frac{近\,30\,天描述相符被评价\,1\,星或\,2\,星的次数}{近\,30\,天确认收货订单笔数}$$

（2）物流体验得分有以下三个指标。

$$48\,小时揽收及时率 = \frac{\begin{array}{c}近\,30\,天现货订单（合约时间\leqslant48\,小时）\\揽收时间早于合约时间的订单量\times100\%\end{array} + \begin{array}{c}近\,30\,天预售订单（合约时间>48\,小时）\\揽收时间早于合约时间的订单量\times70\%\end{array}}{近\,30\,天应揽收订单量}$$

$$物流到货时长 = \frac{近\,30\,天支付（货到付款订单则为下单时间）且签收成功的总时长}{支付且已签收订单笔数}$$

$$物流差评率 = \frac{近\,30\,天物流服务被评\,1\,星或\,2\,星的次数}{近\,30\,天确认收货订单笔数}$$

（3）服务体验得分有以下三个指标。

$$旺旺平均响应时长 = \frac{近\,30\,天\,9{:}00—23{:}00\,消费者与商家人工旺旺每个对话轮次的回复时长之和}{近\,30\,天该时段人工咨询对话轮次总数}$$

$$退款处理时长 = \frac{近\,30\,天商家处理退款的总时长}{退款完结总笔数}$$

$$纠纷投诉商责率 = \frac{\begin{array}{c}近\,30\,天判定为卖家责任且\\生效的退款笔数\end{array} + \begin{array}{c}近\,30\,天投诉被平台介入判定成立且\\处罚生效的投诉笔数\end{array}}{近\,30\,天支付成交订单笔数}$$

10.2.4.2 店铺动态评分

店铺动态评分代表了网店的服务质量和实力，可以帮助买家判断网店的可信度。店铺动态评分是需要引起卖家重视的网店运营指标。

1. 查看店铺动态评分的方法

卖家可在千牛卖家中心中选择"交易"→"订单管理"→"评价管理"，查看店铺动态评分，如图 10.6 所示。

图 10.6 在千牛卖家中心的"评价管理"中查看店铺动态评分

2. 提高店铺动态评分的方法

卖家只要认真做好销售服务，保证商品质量，站在买家的角度考虑问题，提高店铺动态评分并不难。具体来说，卖家可以从以下几方面做起。

（1）准确设计商品详情页。买家之所以下单购买商品，一个重要的原因就是被商品详情页的内容打动。买家在浏览商品详情页时都会在心中描绘商品的样子，而这个样子与商品详情页传递给买家的信息关系紧密，这也就是为什么很多买家在收货后会以与商品详情页不符为由给出差评。所以卖家在设计商品详情页时要注意，商品详情页不仅要足够吸引买家，还要从实际出发，不能给买家太多的许诺，也不能对商品品质过分夸大。实事求是的商品详情页可以给买家一个比较贴近事实的想象空间，不会让买家在收货后产生心理上的落差，这时买家给出5分好评也就不难了。

（2）发货后第一时间通知买家。在商品的销售过程中，卖家的服务和商品的质量占据着同等重要的位置。网上购物与实体店购物不同，实体店购物可以让买家在第一时间拿到商品，而网上购物则需要等待快递送达，所以买家在付款成功后，会希望尽快收到商品。因此，从买家的心理出发，卖家应该在发货后第一时间通过旺旺消息或手机短信通知买家，好让买家心中有数，这样一个小小的举动也会让买家感受到卖家的贴心服务。

图 10.7　优质的商品包装

图 10.8　劣质的商品包装

（3）跟踪物流并提醒买家收货。如今，卖家给买家发送发货通知已经是很普遍的做法了，要想在众多卖家中脱颖而出，卖家就要别出心裁，更加用心地服务。因此，卖家在发送发货通知后，可以进行物流跟踪，在商品运送到买家所在城市时发送信息提醒买家准备收货。这样做的目的有两个：一是让买家感受到卖家的服务质量，二是提醒买家给出5分好评。

（4）使用质量好的商品包装。包装不当或包装质量不好，就会让买家对卖家的服务质量产生不好的印象。图10.7和图10.8所示分别是优质的商品包装和劣质的商品包装。卖家在包装商品时要尽量使用较好的包装材料，并且要包装整齐，让高品质的包裹彰显出商品的质量及卖家的用心。

📖 **小贴士**

包装材料的选择与注意事项

1. 包装材料的选择

（1）纸箱。只要尺寸合适，纸箱几乎可以作为绝大多数商品的外包装（如礼品饰品、衣服、电子产品、食品、化妆品等）。如果是易碎品（如玻璃制品等），可以在纸箱中填充和包裹气泡膜或气囊。

（2）快递袋。有些商品，如不怕挤压的服装、床上用品、毛绒玩具、靠垫、书、杂志等，可以使用快递公司提供的一次性塑料快递袋来包装。

（3）牛皮纸袋。有些商品可以使用牛皮纸袋包装，如书籍、手机壳等薄而不易碎的商品。

2. 商品包装的注意事项

（1）易变形、易碎的商品可用泡棉、报纸等包裹以缓冲撞击，如玻璃制品。

（2）液体类商品的瓶嘴要用胶带缠住，瓶身用泡棉包裹，以减少震动冲击。

（3）卖家可在包装商品时放几张自己网店的名片或一些小礼品，这样往往可以让买家体会到卖家的用心，从而成为回头客。

（4）必要时，卖家可在包装商品的同时放一张印有产品使用提示的小卡片，以有效减少客服人员的工作量。

10.2.5　转化率数据

网店转化率是指进店的所有买家中成功交易的人数所占的比例。提高转化率有助于提升业绩，要想使网店有销量，就要让进店的买家下单购买商品。网店的转化率是衡量网店运营状况健康与否的一个重要指标。与转化率有关的网店数据主要有全店转化率、单品转化率、转化的金额、转化的笔数和退款率五个，如图10.9所示。卖家不仅要注意转化的金额和转化的笔数，还要注意退款率。如果转化率很高的同时退款率也很高，那么出现退款情况的交易不仅等于没有转化，反而还会影响网店的声誉。

网店的转化率跟商品的价格、网店的装修、客服人员的应答等因素都有密切的关系。总之，转化率对网店经营非常重要，卖家一切行动的终极目标就是消除进店买家的疑虑，促其下单购买商品，从而提高转化率，为网店带来更多的收益。

转化率根据买家行为的不同，可以分为静默转化率和询单转化率；根据收费方式的不同，又可以分为免费流量转化率和付费流量转化率。

1.　静默转化率

静默转化率，顾名思义就是进入网店的买家中，没有咨询客服人员而是直接下单的买家比例，这样的买家一般以老客户居多，或者是之前就收藏过商品或网店的买家。静默转化率的产生过程如图10.10所示。静默转化率是卖家最喜欢的一种转化率，卖家当然希望静默转化率越高越好。

图10.9　与转化率有关的网店数据

图10.10　静默转化率的产生过程

与静默转化率相关的因素如图10.11所示。①价格。商品的价格不仅影响着商品的搜索权重，还决定了进入网店的买家最终是否会下单。卖家要想消除价格对静默转化率的不利影响，就要围绕"什么价格最有可能让买家下单"来进行分析。②评价。稍微有点购买经验的买家都会在下单前查看商品的评价，所以说评价的数量与内容在很大程度上会影响商品的静默转化率。③商品描述。买家对商品质量的判断在很大程度上依赖于商品描述。商品描述的整体颜色、板块的布局设计都要尽量做到让买家消除在商品质量方面的疑虑而放心购物，卖家要格外重视商品描述是否符合商品的真实情况。④网店装修。网店装修对网店静默转化率的影响也很大，如果一个网店装修得美观、专业，就容易让买家从心理上产生信任感，这对提高静默转化率大有裨益。⑤活动。考虑到买家都喜欢买实惠的商品的心理，商品的打折促销、买就赠等活动往往会对买家产生较大的吸引力，所以促销活动也是影响静默转化率的重要因素。

2. 询单转化率

询单转化率是指进入网店的买家中，通过咨询客服人员而成功下单的买家所占的比例。询单转化率的产生过程如图 10.12 所示。它的计算公式是：询单转化率=（咨询客服人员后的下单人数÷咨询客服人员的总人数）×100%。询单转化率反映的是客服人员的谈单能力。卖家想要查看网店的询单转化率方面的数据，可以使用客服绩效管理工具，如赤兔实时绩效、绩效雷达、E 客服绩效等。卖家可以系统地对客服人员进行培训，让客服人员能快速、准确地响应买家的咨询，有效地促成交易，提高询单转化率。

图 10.11　与静默转化率相关的因素

图 10.12　询单转化率的产生过程

3. 免费流量转化率

免费流量转化率，顾名思义，就是不用付费引入的流量成功交易的比率。免费流量主要是通过搜索关键词而得到的访问流量。因此，卖家要想获得更多免费流量，就要在商品标题的关键词、商品价格、展示图片等方面下功夫，也可以在站外多宣传自己的网店。一旦将流量引入，也就是说使买家进入网店，卖家就要靠网店各方面的因素来提高转化率。免费流量转化率提高的过程如图 10.13 所示。

图 10.13　免费流量转化率提高的过程

4. 付费流量转化率

与免费流量相对的就是付费流量。付费流量常见的来源就是关键词推广。关键词推广是按点击次数付费的效果营销工具，可以实现对网店中商品的精准推广，为网店带来流量。提高付费流量转化率的注意事项如图 10.14 所示。

（1）卖家具备一定经验。新手卖家由于没有经验，所以最好谨慎使用付费推广，前期可投入较少的资金，及时总结，有了经验后再加大对付费推广的投入力度。

（2）商品图片美观。不要让买家通过付费推广进入网店却因为差劲的商品图片而未能成功下单，从而让投入打了水漂。

（3）商品价格适中。要想提高付费流量转化率，就要选择买家容易接受的价格。价格太高，很多买家不愿购买，价格太低，又会使买家怀疑商品的质量，所以价格太高和太低都不利于付费流量转化率的提高。卖家可以在电脑端淘宝网首页中输入商品的关键词，查看大部分买家能接受的类似商品的价格（将鼠标指针放到最高的柱形上，价格范围就会自动显示出来），如图 10.15 所示。

（4）商品有一定销量。买家如果通过付费推广进入网店后却发现没有什么交易量，就很难放心购买，付费流量转化率自然也就不能提高了。反之，买家如果通过推广渠道进入网店，看到商品的销量很高，自然会产生一种信任感。

图 10.14　提高付费流量转化率的注意事项

图 10.15　查看大部分买家能接受的价格

（5）量力而行。这一点主要是针对卖家的规模而言的。关键词推广的点击量越大，费用也就越高，如果引入的流量没有带来较高的转化率，卖家就很有可能"赔本"。所以对于中小卖家来说，最好不要用太热门的关键词，这类关键词虽然会带来流量，但是同款商品的竞争也会很激烈，不利于促成交易。

卖家对转化率数据有了一定的认识后，就可以对其进行分析了，图 10.16 所示是解决转化率下降问题的基本思路，这个思路是从大处入手，再将问题细化，最后找到症结所在，从根本上解决问题。如卖家监控网店的转化率数据，发现全店转化率下降，那么接下来就要先分析内因，因为内因是最可能导致网店转化率下降的因素，也是最重要的因素。卖家只有找到内因，才能进一步去分析外因。

图 10.16　解决转化率下降问题的基本思路

10.3 使用生意参谋分析网店运营数据

为帮助卖家对网店的运营数据进行分析和总结，淘宝网为卖家提供了多种数据分析和管理工具，其中最常见的就是生意参谋。生意参谋是阿里巴巴推出的首个统一的官方数据产品，向全体卖家提供一站式、个性化、可定制的商务决策体验。生意参谋不但秉承"数据让生意更简单"的使命，而且致力于为淘宝网卖家提供精准实时的数据统计、多维的数据分析和权威的数据解决方案。卖家可以通过生意参谋了解网店目前的经营情况，进行流量来源分析和营销分析等，并且可以按照实时、日、周、月来统计网店的流量、客户、商品、营销效果及交易等数据，由此完善经营策略，提升销量。生意参谋首页如图 10.17 所示。下面主要介绍生意参谋的几个常用功能模块。

图 10.17　生意参谋首页

10.3.1　动态分析

市场瞬息万变，作为卖家，实时洞悉网店运营情况很有必要。卖家可以通过"动态"（见图 10.18）观测实时数据，及时调整策略，抢占生意先机。生意参谋"动态"中的数据对网店的运营和发展有很大的作用。卖家通过动态分析，一方面可以跟踪宝贝的推广引流效果、观测实时数据，发现问题并及时优化、调整策略；另一方面可以实时查看宝贝具体效果，如果转化率和点击量情况不理想，同样可以及时加大推广力度。下面介绍生意参谋"动态"的具体功能。

（1）实时概况提供网店实时的概况数据，主要包括实时访客数、实时浏览量、实时支付金额、实时支付子订单数、实时支付买家数及对应的排名和行业平均值，还提供小时粒度的实时趋势图，并提供历史数据对比功能，所有数据都可以按照所有终端、无线端和电脑端等三种模式查看。

小贴士

正确解读生意参谋数据

图 10.18　实时数据

（2）店铺人气页面可以展示统计日期内，店内加购人数、支付买家数及支付金额的相关数据，并可以对店内人气情况进行实时播报，如图 10.19 所示。

图 10.19　店铺人气

（3）实时来源提供网店流量来源情况。"实时来源"中的"无线端流量分布"如图 10.20 所示。流量来源数据可以为卖家提供各个流量来源的详细报告，这对网店运营是极为有利的，便于卖家了解哪些方面的流量来源多，哪些方面的流量来源少，进而反思在流量来源少的方面是否做得不足，对流量来源大的方面还可以进行优化。分析地域分布数据，根据支付买家数与访客数的比值，可以得出各个不同地区的转化率，对于流量大且转化率较高的地区应该加大推广力度。

（4）实时榜单主要提供商品 TOP50 榜单，显示根据访客数、加购件数、支付金额三种方式排序的前 50 个商品，展示其浏览量、访客数、支付金额、支付买家数、支付转化率这五个维度的数据，并且还提供搜索功能，支持查询卖家想知道的商品实时销售效果数据。图 10.21 所示为实时榜单。对于流量款，一定要注意它的流量、转化率及库存的变化，做好解决可能发生的一切问题的准备。

图 10.20　实时来源

图 10.21　实时榜单

（5）实时催付宝可实时更新在网店拍下商品而没有付款的买家。实时催付条件很苛刻，催付对象是下单未支付、未在其他网店下单且是潜力 TOP50 的买家，所以催付成功率很高。特别是在活动大促的时候，可以专门安排一个客服人员来负责实时催付。

小贴士

如何监测"双 11"数据

10.3.2　流量分析

流量分析提供了全店的流量概况、来源分析、动线分析等功能（见图 10.22），可以帮助卖家快速了解流量的来龙去脉，在识别访客特征的同时了解访客在网店页面上的点击行为，从而评估网店的引流、装修等的健康度，进而更好地进行流量管理。网店流量主要分为电脑端流量和无线端流量，在生意参谋中可以分别查看不同终端的流量情况，并可查看与本店历史数据及同行的对比情况。

图 10.22　流量分析

1. 流量概况

流量概况提供"流量看板""计划监控""访客分析"等三种功能。

（1）在"流量看板"中可以查看流量总览、我的关注、流量来源排行 TOP10 及商品流量排行 TOP10。"流量看板"能够帮助卖家了解网店整体的流量观模、质量、结构，以及流量的变化趋势：从流量总规模知道网店的浏览量、访客数及其变化；从人均浏览量、关注店铺人数等，了解入店访客的质量高低。

（2）在"计划监控"中可以制订年度运营计划并进行监控。

（3）在"访客分析"中可以查看访客分布的相关数据，包括访客时段分布、特征分布、行为分布等。通过对访客的相关数据进行分析，卖家可以更好地开展营销推广活动、设置商品上下架时间等工作。

在时段分布中，通过选择日期、终端，卖家可以查看对应统计周期内各类终端下的访客和下单买家数，以便更好地掌握网店访客来访的时间规律，验证广告投放、调整引流时段策略。通过选择日期和终端，卖家可查看对应统计周期内各类终端下的访客数占比排行榜和下单买家数排行榜，还可查看各地域的转化率，以验证或辅助调整广告定向投放策略。当推广转化率降低的时候，卖家可以根据地域分布数据去筛选推广地域，以有效提高转化率。

在特征分布中，通过选择日期和终端，卖家可查看对应统计周期内各类终端下访客的会员等级、消费层级、性别、店铺新老访客分布情况，以验证或辅助调整广告定向投放策略。由会员等级可以看出买家是什么等级，会员等级越高代表其网购数量越多；消费层级代表的是买家之前的购买能力；从性别可以判断出买家是以男性为主还是以女性为主；在店铺新老买家中，老买家越多越好，这会大大提高转化率。

行为分布展示来源关键词 TOP5 及浏览量分布情况。通过对来源关键词进行分析基本可以判断出网店核心词，时长选择 30 天会更加准确，这样得出的关键词是网店引流最重要的关键词。浏览量分布展示访客在店内的浏览量分布情况，卖家可通过增加关联页面、加强客服引导等方法增加页面浏览量，提升转化率。

在"访客分析"页面选择"访客对比"，在打开的页面中可以查看访客对比的相关数据，包括消费层级、性别、年龄、地域 TOP、营销偏好和关键词 TOP 等。

2. 来源分析

来源分析提供了"店铺来源""商品来源""媒介监控""选词助手"等四个功能。

在"店铺来源"中可查看网店流量来源的构成、流量来源的对比及同行流量来源。

在"商品来源"中可添加竞品进行对比分析，也可查看本店商品排行榜。

"媒介监控"可用于分析淘外媒介推广效果，如今日头条、微博、优酷等，需要订购"流量纵横专业版"才能使用。

"选词助手"是生意参谋中的专题工具之一，分别为电脑端和手机端提供了反映用户需求的店内引流搜索关键词、给网店引流的竞店搜索关键词、与关键词相关的行业内搜索关键词，另外还提供了这些关键词的搜索热度、引导效果等。"选词助手"可以帮助卖家快速了解搜索来源的关键词，验证和调整关键词投放策略；了解访客在店内的搜索行为，明确访客的确切需求；通过行业搜索词的拓展，找到更多适合网店的可拓展关键词，用于调整广告投放策略、优化标题或规划品类。其中，"竞店搜索关键词"和"行业内搜索关键词"需要卖家订购市场洞察功能后才能使用。

3. 动线分析

动线分析可提供"店内路径""流量去向""页面分析""页面配置"等四个功能。

"店内路径"分别提供电脑端和手机端的流量入口、页面访问排行及店内路径明细，可以分别对网店首页、商品详情页、网店微淘页、商品分类页、搜索结果页、网店其他页的访客数、下单买家数、下单转化率进行查看，还可查看页面访问排行，或根据需要分别以周、日为单位查询流量来源。通过对这些数据的查询，卖家可以了解当前网店的流量结构，对于流量不足的情况，需要更换推广方式；对于转化率不高的商品，需对商品详情页、价格、网店装修、商品展示技巧、商品形象包装、促销活动搭配等因素进行分析，找到转化率不高的原因。

在"流量去向"中可查看离开页面排行及离开页面去向排行。

在"页面分析"中可对网店的首页、自定义承接页、商品详情页流量相关及引导转化的各项指标进行分析，也可对网店装修的不同页面进行装修诊断。

在"页面配置"中可定制添加自定义页、承接页、商品详情页等页面，以进行日常监控或实时监控。

10.3.3 客户分析

客户分析从人群运营视角，了解店铺各类客户的数据情况，包括以下五个栏目。

1. 概况

在客户概况页面，可以查看店铺客户相关数据，如客户新访、未购客户回访、已购客户回访数据等，如图 10.23 所示。

客户新访数是指在统计时间内，首次或"超出行为有效期"之后再次产生访问、互动、支付行为的人数。

图 10.23　客户概况

未购客户回访数是指未购客户在统计时间内再次产生访问、互动、支付行为的人数，即"看了又看"的用户。

已购客户回访数是指在过去 365 天内买过的客户中，在统计时间内再次产生访问、互动、支付行为的人数，即"买了又看"的用户。

2. 旅程

旅程分析可以对不同类型的客户分析其客户画像，预测客户地域、性别、消费层次、兴趣爱好及年龄等如图 10.24 所示。旅程分析也可以分析客户的动作行为，如浏览、互动、意向、支付等；还可以针对商品、店铺、直播、内容及权益等运营对象分析对应的客户情况。

图 10.24　客户旅程分析

3. 资产

在资产分析中，可以对粉丝、会员和已购用户分别进行分析。

（1）粉丝分析可以分析店铺活跃粉丝、普通粉丝、机会粉丝及沉睡粉丝的相关数据，如图 10.25 所示。在粉丝分析中还可以查看粉丝运营的效果数据，包括粉丝促活、粉丝激活、粉丝增长。其中，粉丝促活是指在统计周期内，活跃粉丝或普通粉丝产生访问行为、互动行为、支付行为；粉丝激活是指在统计周期内，机会粉丝或沉睡粉丝产生访问行为、互动行为、支付行为；粉丝增长是指在统计周期内，新增加的粉丝。

图 10.25　粉丝构成

（2）在会员分析中可以查看会员的基本数据，如会员规模、新增会员人数、活跃会员人数、会员成交金额、会员成交人数、会员客单价、老会员专享券领取数、会员专享券使用数、会员专享券引导成交金额、新会员专享券领取数、新会员专享券使用数及新会员专享券引导成交金额等。

（3）在已购客户分析中可以查看已购客户回访人数、老客复购人数、复购金额及复购订单数等数据；对多单复购客户进行运营；并对客户构成情况，如复购老客数、回访老客数、普通老客数形成画像并生成人群。

4．场域

场域分析可以对关注的运营效果进行分析，核心指标包括曝光人数、浏览人数、互动人数及进店人数；还可以选择某一类型的关注内容统计其效果，如图 10.26 所示；也可以选择单条关注内容查看其效果。

图 10.26　关注运营数据

5．人群

人群分析可以对人群进行管理，选定人群来源，搜索对应人群，并进行相应管理。

10.3.4　商品分析

商品分析主要用于分析店铺内各个商品的数据表现。商品分析通过构建商品和品类的全方位洞察档案，帮助卖家沉淀商品和品类经营的分析方法，并结合商品和品类的典型经营场景，提供场景化、定制化的智能数据解决方案，帮助卖家实施商品和品类的精细化运营策略，可满足热销商品实时监控、新品上市效果追踪、商品价值评估、品类结构布局评估、货源工厂推荐、高级自定义分析等经营诉求。商品分析可提供如图 10.27 所示的几个模块。

图 10.27　商品分析

1．驾驶舱

驾驶舱可提供"宏观监控""商品排行""商品 360""品类 360"等四个功能。

"宏观监控"可实时展现商品核心关键指标，洞察商品转化情况。

"商品排行"可以针对某一类目商品，选择五个数据指标，对昨日、今日不同时段的指标表现进行对比，帮助卖家了解各商品的流量及转化情况。

"商品 360"可以针对某一单品从单品诊断、销售分析、流量来源、内容分析、客群洞察、关联搭配及服务体验等维度剖析商品，从而助力卖家有效管理商品。

"品类 360"可紧跟行业热销商品属性现状，分析店铺类目不同属性表现情况；还可对商品价格进行分析，检测商品价格趋势、剖析不同价格带货表现，指导卖家合理定价；提供商品所在类目市场的价格带分布情况，对标本品价格所在水平。"品类 360"需要开通专业版才能使用。

2．专题分析

专题分析包括"异常预警""连带分析""新品追踪""商品诊断""销量预测"等五个功能。

在"异常预警"中可以查看当前表现异常的商品，包括流量减少、支付转化率低、跳出率高、支付金额减少、零支付、低库存等情况。生意参谋会针对商品的异常情况给卖家提出大致的建议，帮助卖家优化商品。

"连带分析"通过大数据模型，智能预测与商品相关性高的其他商品及连带支付件数，引导卖家提前制定组合营销策略，提升商品销量。

"新品追踪"提供新品时间轴，方便卖家浏览近期上新、全年上新及新品活动等情况，还可进行新品深入分析以诊断新品表现。

"商品诊断"通过专业的商品及品类分析方法和智能诊断模型，帮助卖家对商品和品类进行结构划分和评级，快速诊断商品和品类价值。

在"销量预测"中可查看系统对商品效果的预测及商品的定价参考。

3．营销玩法

在营销玩法模块下可以查看购物金营销的情况，包括商品访客数、充值买家数、充值总金额、充值本金金额、充值转化率数据等。

4．营销工具

在营销工具模块可以查看店铺营销工具，如单品宝、店铺宝、搭配宝、N 元任选、店铺券、商品券和客服专属优惠等的使用效果，如图 10.28 所示。从支付件数、支付买家数、支付金额和客单价等维度分析营销效果，可帮助卖家及时发现营销中的问题。

图 10.28　营销工具

5．商品内容

商品内容模块用于分析内容运营效果，如商品视频、推荐微详情视频、头图视频、购后视频的投放效果，以及分析播放量、成交量及内容规模等数据指标。

10.3.5　广告分析

广告分析展现网店付费推广的效果数据，包括效果广告、V 任务分析、超级短视频等栏目。

（1）效果广告展示店内整体推广的效果数据，包括展现量、点击量、花费、点击率、平均点击花费、总成交额等。查看效果广告数据先要获得"万相台无界版"的授权。

（2）V 任务分析是针对直播、短视频、图文等效果进行分析，包括点击数、成交额、人群沉淀、商品点击数、商品点击次数等方面的数据。

（3）在超级短视频中可以查看超级短视频的播放人数、互动（评论次数）、引流（引导进店人数）等，较前一日的播放人数、播放次数、有效播放人数、有效播放次数、有效播放率、次均观看时长等。查看超级短视频数据前要进行授权。

10.3.6　交易分析

交易分析可以通过在"更多"栏目下点击"交易"进入，主要提供"交易概况""交易构成""交易明细"等三个功能（见图 10.29），可从网店整体到不同粒度呈现网店交易情况，以帮助卖家及时发现网店的问题。

图 10.29　交易分析

（1）通过"交易概况"卖家可从整体上了解网店的交易情况，并对交易总览和交易趋势的数据进行查看和分析。通过交易总览，卖家可以了解任意天数的网店交易额、支付买家数、客单价和转化率等数据，还可在"交易趋势"栏中查看与同行平均支付金额的对比情况。

（2）"交易构成"可以从不同粒度呈现网店交易构成情况，主要有终端构成、类目构成、品牌构成、价格带构成和资金回流构成等五个方面，可以帮助卖家了解终端、类目和品牌等各方面的交易数据，以便有针对性地进行完善和优化。终端构成主要用于分析网店电脑端、手机端的交易情况。类目构成主要从类目的角度出发，分析网店类目的交易情况。价格带构成主要分析网店商品各个价格的构成，哪个价格段更受买家喜欢，转化率如何，并从商品价格出发分析网店交易的数据。品牌构成主要分析网店各个品牌的交易构成，哪个品牌更受买家喜欢，从商品品牌出发分析网店交易的数据。

（3）在"交易明细"中可以显示任意一天的全部订单明细或当天任意一个订单的交易明细。

本章小结

对网店数据进行分析可以帮助卖家发现网店运营中的问题，并且找到问题的根源，最终通过切实可行的办法解决存在的问题，同时基于以往的数据分析，预测网店发展趋势，为网络营销决策等提供支持。本章首先介绍了网店运营数据分析的意义和流程，然后分析了网店运营中的核心数据，最后介绍了常用的网店数据分析工具——生意参谋。通过本章的学习，读者可以对网店的数据分析有初步的认识，学会对网店运营中的核心数据进行分析，学会运用数据分析工具对网店进行基本的数据分析。

课后习题

一、名词解释

趋势分析　静默转化率　网店客单价　店铺浏览量

二、单项选择题

1．已知某淘宝网店当日通过搜索获得的访客数为 50，通过关键词推广获得的访客数为 80，一共完成了 26 笔交易，那么下列说法正确的是（　　　）。

A．网店当日的转化率为20%　　　　　　B．网店当日一共有 80 个访客

C．网店当日的浏览量为 130　　　　　　D．网店当日的跳出率为 10%

2．以下选项中和店铺综合体验分关系最大的是（　　　）。

A．页面设计　　　B．品类规划　　　C．售后关怀　　　D．客服回复速度

3．淘宝店转化率的计算方法为（　　　）。

A．转化率=产生购买行为的访客人数/所有到达网店的访客人数×100%

B．转化率=点击次数/展现次数×100%

C．转化率=成交的总笔数/进店买家总数×100%

D．转化率=进店买家总数×成交率×单笔平均成交率×100%

4．下列选项中，（　　　）属于买家自主访问流量。

A．通过淘宝搜索进店的流量

B．买家从自己的购物车、收藏夹进店的流量

C．通过关键词推广进店流量

D．从淘宝网首页进店的流量

5．在淘宝网数据中，UV 价值是指统计时间内的（　　　）。

A．页面浏览数　　B．支付金额/访客数　　C．关键词被搜索次数　　D．浏览量/访客数

三、简答题

1．卖家最应关注的网店运营数据有哪些？

2．生意参谋的主要功能有哪些？

四、复习思考题

1．随着网店规模的扩大，淘宝网卖家小王很多时候一个人根本无法回复多个买家的咨询，导致错失了很多潜在买家。因此，小王决定招聘三名客服人员，在客服人员的协助下，小王的工作量一下子减少了很多，于是，他有更多的时间进行网店相关数据分析。一段时间后，小王发现，统一的薪酬很容易打击客服人员的工作积极性。可是，小王不知该如何制定客服人员的考核标准。请你结合本章所学知识，为小王制定一套完整的客服人员的考核标准。

2．淘宝网卖家小张经过学习，网店的流量和人气都有所提升，但是他发现有不少的访客浏览了一个页面就离开了，且商品的成交转化率较低，其中有一小部分买家只把商品加入购物车，却没有付款结算。请帮助小张分析出现这种情况的原因，并建议小张应该从哪些方面去提升商品的成交转化率。

实训任务

实训任务一：查看网店运营的核心数据

通过淘宝网千牛卖家中心后台和网店数据分析工具（如生意参谋等）查看自己网店的核心数据。

1．在千牛卖家中心后台查看网店的实时数据，如支付金额、访客数、支付买家数、浏览量、店铺动态评分、市场与竞争数据、网店行业排名、交易概况、纠纷数据等。

2．在生意参谋中查看网店运营的详细数据，如实时数据、流量数据、商品数据、交易数据、服务数据、物流数据、营销数据、财务数据、市场数据、竞争数据等。

实训任务二：运用数据分析工具对网店数据进行分析

1．简述网店运营数据分析的流程。

2．进入卖家服务市场查找数据分析工具，必要时订购相应的工具。

3．运用数据分析工具对自己的网店进行分析。

视野拓展

店铺核心数据提升方法

生意参谋里决定店铺生死的服务数据

淘宝运营数据分析

第11章　移动网店运营

【知识框架】

【学习目标】

1. 了解移动网店的主要形式。
2. 学会通过电脑端与手机端开通拼多多网店和抖音小店的方法。
3. 熟悉拼多多商家后台的功能。
4. 掌握抖音小店商品发布。

移动网店通常是指能够让人们通过智能手机、平板电脑等移动终端在手机 App 或小程序上浏览商品、在线购买和支付的网店。随着移动互联网的快速发展，越来越多的买家开始使用手机等移动终端访问网店。相关数据显示，通过手机端购物的买家在网络购物买家中所占的比例越来越高。

11.1　移动网店的主要形式

当前，移动网店的形式主要有传统企业自建移动商城 App、零售电子商务平台的手机端

App 和第三方移动网店 App 平台等三种。对于中小企业或个人卖家而言，借助第三方移动网店 App 平台搭建的微店是最常见的移动网店形式。

小贴士

移动 App

移动 App（Application），即移动应用服务，简单地说就是手机或无线工具的应用服务。手机 App 主要指单独安装在手机上的应用软件。

11.1.1　传统企业自建移动商城 App

许多传统企业早已开始涉足电子商务领域，搭建电子商务平台。随着移动互联网的兴起，这些企业也以原有的电子商务平台为基础，各自推出了移动商城 App，与原有电脑端的传统商城和线下企业实体相结合，实施全方位的市场战略。

图 11.1　苏宁易购 App 首页

以两家传统电器商城为例，苏宁旗下的网上购物平台是苏宁易购，国美的网上商城最初名字是"国美在线"，曾改名"真快乐"，后改为"国美"，苏宁易购和国美都有电脑端商城和手机端 App。图 11.1 为苏宁易购 App 首页。

11.1.2　零售电子商务平台的手机端 App

国内最有代表性的零售电子商务企业有阿里系（淘宝和天猫）和京东系，它们很早便涉足手机端零售领域，各自开发出了移动端 App，以供买家在手机端浏览购物。但是这种形式只是传统电脑端网店的衍生，依旧以原有的平台为中心，不容易完全发挥移动电子商务的优势。

以阿里系为例，阿里系的移动网络零售在国内市场一直都处于领先地位。在传统电子商务时代，阿里系就已经推出手机淘宝 App、手机天猫 App 和淘宝 WAP。

小贴士

淘宝 App 与淘宝 WAP

淘宝 App 是买家端专用的手机淘宝。无线应用协议（Wireless Application Protocol，WAP）是一项全球性的网络通信协议。淘宝 WAP 就是网页版的手机淘宝，可以通过手机浏览器对它进行访问。从面向买家来看，淘宝 WAP 更适合有搜索引擎需求的买家使用；从操作方便程度来看，淘宝 App 更直接、方便，但是买家需要先下载后才能使用。

无论是京东手机端 App 还是阿里系的手机端口，它们对平台的依赖度都非常高，网店的运营和对买家的维护基本还是在平台上完成的。

11.1.3　第三方移动网店 App 平台

第三方移动网店 App 平台是指为中小企业及个人卖家提供移动零售网店入驻、经营、商品管理、订单处理、物流管理和买家管理等服务的平台，比较常见的有以下几个。

11.1.3.1　视频号小店

2022 年 7 月 21 日，微信视频号官方正式上线视频号小店并同步开放开店入口。

（1）适合的卖家。视频号小店主要面向企业、个体户等。企业/个体户店一张营业执照支持开 5 家店铺，但一个视频号仅能申请开一家店铺。目前，个人身份不能申请开视频号小店。

（2）入驻流程。登录微信账号，在小程序中搜索"视频号小店助手"或者点击微信账号右下角"我"，选择"视频号"，点击右上角功能键→"创作者中心"→"带货中心"→"视频号带货官网"→"入驻"→"开店"，如图 11.2 所示。选择企业/个体工商户类型，按照流程提示完成视频号小店的开设。

图 11.2　视频号小店开设流程（部分）

> ### 小贴士
> **视频号个人带货**
>
> 　　在视频号"带货中心"如果选择"达人"，有超过 1 000 个粉丝的个人可以在直播间带货，或者交纳保证金后，可以开通个人橱窗进行直播和短视频带货。

（3）开店费用。视频号小店免费开店，商家需要交纳一定的保证金，与其他微信支付商户的费率一样，按单笔交易额的 0.6%收取手续费，提现不再额外收取手续费。

11.1.3.2　有赞

有赞原名"口袋通"，于 2012 年 11 月 27 日在杭州贝塔咖啡馆成立，2014 年 11 月 27 日正式更名为"有赞"。有赞帮助卖家管店、管货、管客和管钱，旗下有"有赞微商城""有赞零售""有赞连锁""有赞美业""有赞教育""有赞小程序""有赞学院"等面向卖家以及面向开发者的"有赞云"服务。有赞微商城为卖家提供在线开店、买家管理、营销推广和经营分析工具等电子商务解决方案，帮助卖家快速搭建商城，在网上经营和管理买家数据。2020 年 3 月，有赞发布两款基于小程序的直播解决方案，为商家提供直播解决方案，并寻求与其他直播平台合作。2022 年 6 月 29 日，有赞宣布业务升级，从开店营销解决方案到私域运营解决方案，私域人工智能引擎上岗。

1. 适合的卖家

有赞适合各类批发、零售型卖家使用。

2. 平台特点

（1）有赞通过一系列分角色的微店 App 建立起了有赞"生态圈"，它们自建厂家、分销商、个人、企业等平台，形成行业壁垒；有赞针对移动网络零售的不同参与方，分别设计开发出不同的 App 端口，有助于其更好地进行移动互联网营销。

（2）有赞微店绑定微信、微博等账号后，具有基于微信公众号、微博等进行客户关系管理的功能，如通过微信公众号、微博等对粉丝进行分组、向粉丝推送活动通告、对粉丝进行消息推送等。

（3）有赞可利用强大的营销工具（如微信、微博等）进行二次营销。有赞支持卖家通过微信公众号、微博、QQ 购物号和消息推送进行营销推广。

（4）有赞具有完备的订单处理体系。卖家在有赞后台可根据条件筛选出各种类型的订单，也可以实现批量处理订单，提高运营管理效率。

（5）分销市场质量保证。目前有赞的卖家大多是有一定规模的品牌商或者零售商。

3. 入驻条件

有赞微商城和有赞微小店入驻无门槛，只要是国家法律认可的公司和个人都可入驻。但是卖家如果想进入分销市场，其开设的网店必须满足以下条件，才能开通有赞供应商功能。

（1）微商城网店状态为使用有效期内。

（2）关闭供货商功能的网店，如需开启，重新入驻即可。

（3）微商城最近 30 天已结算交易额≥1 000 元。

（4）微商城最近 30 天成功退款率≤10%。

（5）微商城最近 30 天完成订单数（不含测试订单）≥5 笔。

（6）微商城上架商品数（不含仓库中或已售罄的商品）≥3 件。

（7）近 7 天内累计登录微商城后台达 3 天及以上。

（8）基本信息完整（含联系人 QQ 和手机号，管理员不少于两人）。

（9）网店通过企业认证或官字店认证后方可入驻（不支持个体工商户入驻）。

（10）加入担保交易，同时须交纳消费保障计划保证金（入驻后卖家如果退保证金或者退出担保交易，会自动退出供货商市场）。

4. 开店费用

有赞刚开始时入驻是纯免费的，很受小企业青睐。自 2016 年 7 月 8 日起，使用"有赞微商城"的卖家须订购相应服务。

（1）保证金。有赞保证金类型有"承担保证金""大号推广保证金""供货商入驻保证金""快速回款保证金"。目前固定的保证金有承担保证金 1 000 元、快速回款保证金 10 000 元，其他根据情况而定。

（2）交易服务费。每完成一笔订单，有赞商家需要交纳实付金额的 0.6%作为交易手续费，由第三方支付渠道收取。商家还需要另交纳 1%的交易服务费，这是有赞平台收取的服务费。

11.1.3.3 微店

微店由北京口袋时尚科技有限公司开发，现有微店和微店店长版两个 App，微店 App 适合买家使用，微店店长版适合卖家使用。

1. 适合的卖家

微店面向各类批发、零售型卖家及个人卖家提供服务。

2. 平台特点

（1）具备完整的微店体系，能保证卖家和买家利益，如可以为卖家提供客户关系管理功能、为买家提供 7 天无理由退货服务。

（2）商品货源易获取。微店的卖家一般获取货源的方法有四个：做别人的代理、取得特殊渠道资格、从周边批发市场进货、从微店分销市场进货。微店最大的优势是帮助品牌商（厂商）、分销商和买家搭建了相对健康和活跃的生态链。通过微店，品牌商可积极寻找分销商，分销商也可选择优秀的品牌商（厂商）。

（3）推广引流多样化。微店的卖家可以通过微信公众号、QQ 购物号、微店热卖官方导流平台以及服务市场中的第三方应用工具进行推广引流。

（4）营销工具丰富。微店提供智能出价推广、拉新客等营销工具，如图 11.3 所示。

图 11.3　微店的营销工具

3. 入驻条件

微店开店无门槛，任何人通过手机号码即可开通自己的网店，并可以通过一键分享功能来宣传自己的网店并促成交易。

4. 开店费用

截至本书出版，微店仍不收开店手续费，保证金由卖家自愿交纳，保证金最低 1 000 元。交易完成的订单收取 0.6% 的交易手续费，由第三方支付渠道收取。微店提供了免费的装修模板，由商家自愿选择是否开通付费装修模板和推广方式。

11.1.3.4　拼多多

拼多多成立于 2015 年 4 月，是第三方移动网店平台。

1. 店铺类型

拼多多店铺包括个人店铺和企业店铺两种类型，其中个人店铺有个人店和个体工商户店两种类型，企业店铺有普通企业店、旗舰店、专卖店和专营店等四种类型。入驻拼多多需要交纳一定的保证金。

2. 入驻的主要条件

（1）基本要求：入驻主体为拥有中国身份证、在境内注册的个人或企业，个体工商户或企业经营范围应在营业执照规定的经营范围内，经营期限或身份证期限距离有效期截止时间应大于 1 个月。

（2）售卖商品：售卖商品需包含在招商类目范围内，且具备相关资质。商品必须符合法律及行业标准的质量要求。

（3）品牌资质：旗舰店、专卖店、专营店所售商品的品牌需要取得国家知识产权局商标局颁发的商标注册证（R 标志）或商标注册申请受理通知书（TM 标志，注册申请时间必须满 6 个月）。

11.1.3.5 抖音小店

抖音小店支持个人开店。开通抖音小店后，卖家可以在抖音、今日头条、西瓜视频、抖音火山版等渠道进行商品分享。抖音平台上抖音小店、商品橱窗等都可以卖货。

（1）抖音小店。抖音小店开店主体包括企业/公司、个体工商户、个人等，开店前需要准备身份证、营业执照、银行账户等。卖家不管有没有粉丝，都可以开通抖音小店。抖音小店出售的商品一般是自己的商品，需要卖家自己有货源、备货、发货，卖家也可以去添加精选联盟的第三方平台商品。抖音小店的商品可以在橱窗展示，也可以在带货短视频、直播间里展示。

（2）商品橱窗。商品橱窗是一种展示商品的窗口，用于向用户展示商品并提供购买链接，会以小黄车或者购物车的方式呈现，售卖的商品是第三方平台提供的，商品卖出去之后，卖家赚的是商品佣金。商品橱窗开通需要满足一定的条件，如粉丝数量、作品数量等。

11.2　拼多多网店运营

11.2.1　开通拼多多网店

1. 通过电脑端开通网店

（1）登录拼多多网站。点击"拼多多商家入驻"，如图 11.4 所示。

图 11.4　拼多多网站首页

（2）填写相关信息，选择合适的店铺类型。

（3）根据页面提示正确填写入驻信息、上传相关资质。开设"个人店"需上传个人身份证正/反面照片；开设"个体工商户"需上传法人身份证正/反面照片和个体工商户营业执照照片；开设"企业店"需上传法人身份证正/反面照片、"三证合一"（编辑注：指工商营业执照、组织机构代码证和税务登记证"三证"合为"一证"，"三证合一"实现后，刻章许可证、社保登记证、统计登记证等陆续实现"合一"，故而实际上是"多证合一"）后的营业执照照片，其中"专营店""专卖店""旗舰店"还需上传品牌信息。

（4）提交审核，开通网店。个人店及普通企业店铺审核时效为 2 个工作日，旗舰店、专卖店、专营店审核时效为 3 个工作日（以实际审核为准），平台通过短信通知审核结果。审核成功后即可开通拼多多网店。

2. 通过手机端开通网店

（1）利用手机中的应用商店下载"拼多多商家版"App 并安装，之后在 App 中点击"0元开店"按钮，或用微信账号登录，如图 11.5 所示。注册后登录拼多多网店，图 11.6 所示为拼多多手机端网店后台页面。手机端微店主要有"商品管理""营销工具""数据中心""营销活动""推广平台"等功能。

（2）点击"商品管理"，进入图 11.7 所示的商品管理页面，点击右下方的"发布商品"，进入图 11.8 所示的发布商品页面。选择商品分类，添加商品轮播图和标题，填写拼单价和库存等。商品标题与淘宝网店的商品标题设置类似，也限定在 60 个字符或 30 个汉字内。

（3）填写完商品信息后，点击图 11.8 发布商品页面的"提交并上架"，商品即可发布成功。

图 11.5　手机端网店 　　图 11.6　拼多多手机端 　　图 11.7　商品管理页面 　　图 11.8　发布商品页面
注册与登录页面 　　　　　网店后台页面

11.2.2　拼多多商家后台功能

拼多多网店的管理一般在电脑端进行，登录电脑端拼多多商家后台，选择左侧的栏目，可以看到功能模块有"发货管理""售后管理""商品管理""推广平台""数据中心""店铺营销""账户资金""店铺管理""多多客服""多多进宝"等，如图 11.9 所示。部分功能模块的选项或作用如下。

（1）发货管理。这是针对网店商品交易、发货等的管理，主要包括"订单查询""打单工具""包裹中心""发货中心""订单开票""物流工具""电子面单"等功能。

（2）商品管理。图 11.10 所示为商品管理的"商品列表"页面。点击"发布新商品"，选择商品类型，添加商品图片和标题，填写拼单价格、库存、商品详情等，然后点击"提交并上架"或"保存草稿"即可完成商品发布,发布流程与淘宝网店发布新商品的流程类似。

图 11.9　电脑端拼多多商家后台

图 11.10　商品管理的"商品列表"页面

（3）推广平台。推广平台汇集了拼多多平台的付费推广工具,主要包括"推广概况""全站推广""标准推广""直播推广""明星店铺""推广报表""推广工具""推广账户"等功能。点击图 11.10 中的"推广工具"进入图 11.11 所示的"推广平台"页面,可以选择合适的推广工具进行营销推广,一般先要充值最少 100 元的推广资金。

（4）数据中心。在数据中心可以看到商品数据、交易数据、服务数据、经营总览、流量数据、粉丝数据等数据。图 11.12 所示为"商品明细"数据,支持查看"今日实时""昨天""近 7 天""近 30 天""日"的 11 个数据指标,可以选择 5 个数据指标同时查看。在图 11.12 中选择了商品访客数、商品浏览量、支付件数、支付买家数、支付订单数等 5 个数据指标。

图 11.11 "推广平台"页面

图 11.12 "商品明细"数据

（5）店铺营销。其汇集了拼多多平台的营销活动和营销工具等，主要包括"营销活动""营销工具""爆款竞价""多多视频""新客立减""营销竞价""多多直播"等功能。营销活动包括大促活动、百亿补贴、9 块 9 特卖、潮流好价、多人团、场景专属券等，营销工具包括店铺满减、新客立减、店铺打折、膨胀券、评价有礼金、跨店满返等，图 11.13 为营销工具页面，选择某营销工具，按照系统提示的流程操作即可完成营销工具的创建。

图 11.13 营销工具

（6）店铺管理。其具有查看"违规信息""订单申诉""退店""店铺信息""子账号管理""店铺装修""店铺页设置"等功能。"违规信息"包括店铺违规管理、店铺/商品违规、违规申诉/整改、直播违规、售后服务违规等；"店铺装修"可以采用一键装修、专题页面装修、模板市场装修等模式（见图 11.14），商品展现方式可以采用"千人千面"和"自定义"的方式；店铺页设置可以对店铺商品进行分类等。

网店运营与管理（视频指导版 第 3 版）

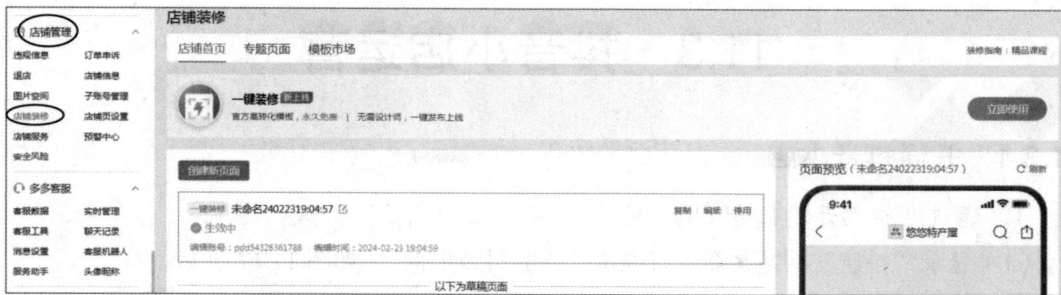

图 11.14　店铺装修

（7）多多客服。为了提高客服的接待效率和促成转化，多多客服提供了"客服数据""实时管理""客服工具""聊天记录""消息设置""客服机器人""服务助手""头像昵称"等功能。

（8）多多进宝。多多进宝是拼多多给卖家提供的营销工具，由卖家自主设置佣金比例以及商品优惠券，激励推广者去帮助卖家推广商品链接，卖家按最终有效交易金额支付佣金，不成交不扣费。多多进宝栏目下包括进宝首页、推广设置、推广效果、推广助力、营销账户等子栏目，如图 11.15 所示。点击"推广设置"，可以看到有单品推广、全店推广等推广方式，点击"单品推广"→"立即开通"，进入多多进宝单品推广页面，如图 11.16 所示，选择推广商品（最多可以选择 30 件商品）、编辑优惠券、设置佣金比例等，点击"立即推广"即可完成多多进宝单品的推广。

图 11.15　多多进宝"推广设置"

图 11.16　多多进宝单品推广页面

11.3 抖音小店运营

11.3.1 开通抖音小店

1. 通过电脑端开通抖音小店

（1）登录"抖店"网站，在首页点击"入驻抖音电商"，如图 11.17 所示。

图 11.17 "抖店"网站首页

小贴士

"抖店"企业店铺的
五种类型

（2）填写相关信息，选择合适的店铺类型。

（3）根据页面提示正确填写入驻信息、上传相关资质。开设"个人店"需上传个人身份证正/反面照片；开设"个体工商户店"需上传法人身份证正/反面照片和个体工商户营业执照照片；企业/公司开设的店铺需要上传法人身份证正/反面照片、"三证合一"后的营业执照照片，其中"专营店""专卖店""旗舰店""官方旗舰店"还需上传品牌信息。

（4）提交平台审核，开通抖音支付账户，开通网店。个人店、个体工商户店审核时效为 1~3 个工作日，通过人脸识别完成验证，开通抖音支付账户，然后开通网店；企业/公司所开店铺资质审核时间为 1~3 个工作日，然后进行实名认证或对公账户打款验证，验证成功后即可开通网店。

2. 通过手机端开通抖音小店

手机端开通抖音小店有两种方式，一是通过抖音 App 开通，二是在手机端应用市场下载"抖店"App，然后根据提示流程开通。下面简单介绍通过抖音 App 开通抖音小店、开通商品橱窗、抖音直播带货、买家直播间购物的方法。

（1）开通抖音小店。打开抖音 App，进入个人主页，先点击右上角的功能键，然后点击"抖音创作者中心"→"全部"→"开通小店"→"入驻抖音电商"，如图 11.18 所示；然后选择合适的认证类型，根据提示填写个人认证资料，审核通过后即可开通抖音小店。

（2）开通商品橱窗。点击"抖音创作者中心"→"全部"→"电商带货"，根据提示完成个人、个体工商户或企业的带货资质认证，审核通过后，即可开通商品橱窗。开通商品橱窗的条件：个人抖音账号公开发布视频数大于等于 10 条、实名认证、交纳保证金。如果要进行图文带货，则要求账号有效粉丝数大于等于 1 000；如果要进行视频带货，企业账号要求有效粉丝数大于等于 1 000，个人账号要求有效粉丝数大于等于 500。

图 11.18　开通抖音小店的步骤（部分）

（3）抖音直播带货。开通抖音小店和商品橱窗后，卖家开通商品分享权限后就可以通过抖音短视频或直播间带货了。卖家也可以在登录抖音账号后，点击底部的"+"，选择右下方的"开直播"选项，添加抖音小店或商品橱窗内的商品进行直播带货。

（4）买家直播间购物。买家进入抖音，选择直播商品，点击右方的"直播"频道，选择商品，点击"进入直播间"，如图 11.19（a）所示，然后进入图 11.19（b）所示的页面，点击"抢"可以直接购买商品；或者点击下方的购物车标志，进入图 11.9（c）所示的页面选择商品并点击"去抢购"即可购买商品。

11.3.2　抖音小店商品发布

抖音小店的管理一般在电脑端进行，登录电脑端抖店后台，选择左侧的栏目，可以看到的栏目有经营、店铺、商品、订单、售后、营销、内容、推广、用户、资金、应用、数据等，如图 11.20 所示，点击栏目后面的折叠图标"∨"，可以看到对应栏目的详细功能。下面介绍抖店的商品发布。

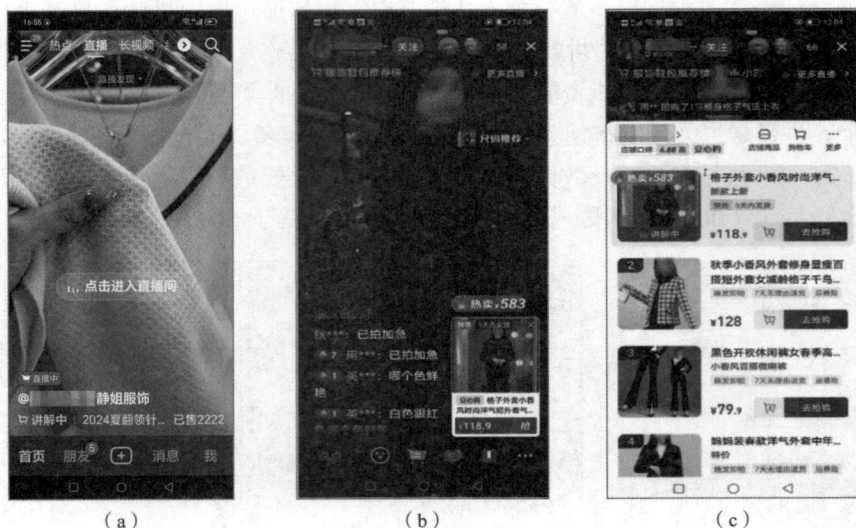
（a） （b） （c）

图 11.19 抖音直播带货展示页面

图 11.20 电脑端抖店后台

（1）自有货源商品发布。如果是自有货源，可以点击图 11.20 中"我有货源"右侧的"发布商品"或者点击"商品创建"进入发布商品的页面，上传主图、选择商品类目，填写标题、价格、库存、商品详情等，然后点击"发布商品"或"保存草稿"，发布流程与拼多多网店发布新商品的流程类似。

（2）精选货源平台商品发布。如果没有自有货源，可以点击图 11.20 中"缺少货源"右侧的"找货源"，进入图 11.21 所示的精选货源平台，然后点击"立即铺货"，按照提示流程操作即可完成商品的发布。

（3）商机中心商品发布。商机中心是抖音平台通过大数据分析市场供需情况，结合卖家经营资质，推荐与店铺匹配的商机信息，发布商机同款商品或符合机会市场特征的商品，帮助卖家解决"不知道发布什么商品能快速促转化"的难题的工具。点击抖店后台"商品"→"商机中心"，进入商机中心页面，如图 11.22 所示。该页面有"消费者正在搜"和"市场趋势洞察"两个选项卡，其中"消费者正在搜"的机会类型包括"搜索扶持词""搜索扶持商品"，品牌包括"全部""知名品牌""非品牌"，机会优势包括"热度高商品少""热度上涨快""热度高"。选择合适的机会类型、品牌、机会优势，点击"发商品"（见图 11.22）进入商品发布页面，按照提示流程操作即可完成商品发布。

图 11.21 "抖店"精选货源平台

图 11.22 商机中心

本章小结

移动网店作为手机端的新型电子商务模式，相较于传统电脑端电子商务具有很多优势，有广阔的发展空间。本章介绍了移动网店的主要形式，并以拼多多和抖音小店为例，详细介绍了网店的开通、网店的后台功能、商品发布等内容。

课后习题

一、名词解释

移动网店　第三方移动网店 App 平台　多多进宝　　商机中心

二、单项选择题

1．苏宁易购的手机 App 属于（　　　）。

A．传统企业自建移动商城 App　　　　　B．零售电子商务平台的手机端 App

C．第三方移动网店 App 平台　　　　　D．微店

2．（　　　）是商家凭自有品牌（商标为 R 或 TM 状态），或获得的权利人的授权，入驻拼多多开设的店铺。

A．普通企业店　　B．旗舰店　　　　C．专卖店　　　　D．专营店

3．拼多多的商品标题限定在（　　　）个汉字内。

A．60　　　　　　B．30　　　　　　C．20　　　　　　D．10

4．抖音开通商品橱窗后，有效粉丝数达到（　　　）才能进行图文带货。

A．10 000　　　　B．1 000　　　　C．500　　　　　D．2 000

三、简答题

1．手机端网店相较于电脑端网店的优势是什么？

2．目前移动网店的主要形式有哪些？举例介绍每一种形式。

3．拼多多的付费推广工具有哪些？简要介绍其中三种。

4．抖音小店和商品橱窗有何不同？

实训任务

实训任务一： 根据拼多多、抖音小店的开店步骤及注意事项，开通自己的网店，记录自己的账户名、登录密码，并保存网店的链接及其二维码，以方便网店的宣传。

实训任务二： 电脑端拼多多商家后台操作

1．登录电脑端拼多多商家后台，查看各个栏目的主要功能。

2．利用拼多多的营销工具对拼多多网店进行至少四种方式的营销推广。

实训任务三： 登录手机端或电脑端抖音小店，至少选择两种货源进行商品发布。

视野拓展

拼多多店铺运营技巧　　　抖店 App 短视频带货　　如何在视频号的直播中上架商品

主要参考文献

[1] 白东蕊，2023．网店运营实务（附微课）．北京：人民邮电出版社．

[2] 陈志轩，马琦，2019．大数据营销．北京：电子工业出版社．

[3] 陈志轩，张运建，张艳格，等，2019．淘宝网店运营全能一本通（视频指导版）．2 版．北京：人民邮电出版社．

[4] 凤凰高新教育，2017．淘宝、天猫、微店开店、装修、运营与推广从入门到精通．北京：北京大学出版社．

[5] 雷莉，黄睿，2021．网店运营与推广从入门到精通（微课版）．北京：人民邮电出版社．

[6] 刘祥，2020．网店运营推广．北京：电子工业出版社．

[7] 欧阳红巍，王晓亮，2021．淘宝网店运营与管理（微课版）．北京：人民邮电出版社．

[8] 淘宝大学，2018．网店运营（提高版）．北京：电子工业出版社．

[9] 淘宝大学，2018．网店运营、美工视觉、客服（入门版）．北京：电子工业出版社．

[10] 曾弘毅，2017．淘宝天猫 SEO 从入门到精通．北京：中华工商联合出版社．

[11] 赵丽英，聂淼，2022．网店运营实务（微课版）．北京：人民邮电出版社．

[12] 肖凯，黄效文，2023，淘宝网店运营全能一本通（视频指导版）．3 版．北京：人民邮电出版社．

更新勘误表和配套资料索取示意图

更新勘误及意见建议记录表

　　说明1：本书配套教学资料存于人邮教育社区（www.ryjiaoyu.com），资料下载有教师身份、权限限制（身份、权限需网站后台审批，参见示意图）。

　　说明2："用书教师"，是指学生订购本书的授课教师。

　　说明3：本书配套教学资料将不定期更新、完善，新资料会随时上传至人邮教育社区本书相应的页面内。

　　说明4：扫描二维码可查看本书现有"更新勘误记录表""意见建议记录表"。如发现本书或配套资料中有需要更新、完善之处，望及时反馈，我们将尽快处理！

　　咨询邮箱：13051901888@163.com

　　咨询电话、微信：13051901888

1 登录人邮教育社区搜索本书（www.ryjiaoyu.com）

2 未注册，请注册；已注册，请登录

3 新注册教师申请"教师认证"

可下载学习参考资料

学生和普通读者注册后即可下载学习资料。用书教师请参考本图所示四步获取教学资料下载权限

4 用书教师站内给编辑留言，说明用书情况

经济学基础（第2版）

￥33.92

后台完成教师身份认证，可下载非专有教学资料

网站后台完成用书教师审批

用书教师可下载专有教学资料，绑定邮箱后新增资料有邮件提醒

高等院校**会计学**
新形态系列教材

"十三五"江苏省高等学校重点教材
（编号：2019-1-120）

财务分析
报表解读 案例讲解 智能决策
◆ 微课版 ◆ 第三版 ◆

蒋琰 张莉芳 万如荣 ◎主编

ACCOUNTING

人民邮电出版社
北 京

图书在版编目（C I P）数据

财务分析 ：报表解读　案例讲解　智能决策 ：微课
版 / 蒋琰，张莉芳，万如荣主编. -- 3版. -- 北京 ：
人民邮电出版社，2024.8
高等院校会计学新形态系列教材
ISBN 978-7-115-63191-6

Ⅰ. ①财… Ⅱ. ①蒋… ②张… ③万… Ⅲ. ①会计分
析－高等学校－教材 Ⅳ. ①F231.2

中国国家版本馆CIP数据核字(2023)第223890号

内 容 提 要

本书包括十章内容。第一章为财务分析基础，主要介绍财务分析的理论基础、信息基础与方法基础，分析上市公司财务报告特征，重点讲解哈佛财务分析框架。第二章至第六章为财务报表分析，从会计分析角度介绍财务报表分析内容与方法，主要包括资产负债表分析、利润表分析、现金流量表分析、所有者权益变动表分析、合并财务报表分析等。第七章至第八章为财务综合分析，主要介绍财务能力与综合分析、财务危机预警分析以及企业前景预测分析等。第九章至第十章为财务大数据分析，重点介绍智能财务决策和 Python 在财务大数据分析中的应用。

本书适宜作为高等院校会计学、财务管理、审计学、工商管理、金融学、经济学等专业财务分析课程的教材，也可作为高等院校经济管理类其他专业学生，以及企事业单位会计、财务和其他管理人员的学习参考书。

◆ 主　　编　蒋　琰　张莉芳　万如荣
　　责任编辑　刘向荣
　　责任印制　李　东　胡　南

◆ 人民邮电出版社出版发行　　北京市丰台区成寿寺路 11 号
　　邮编　100164　电子邮件　315@ptpress.com.cn
　　网址　https://www.ptpress.com.cn
　　北京市艺辉印刷有限公司印刷

◆ 开本：787×1092　1/16
　　印张：16.25　　　　　　　　2024 年 8 月第 3 版
　　字数：470 千字　　　　　　2024 年 8 月北京第 1 次印刷

定价：59.80 元

读者服务热线：(010)81055256　印装质量热线：(010)81055316
反盗版热线：(010)81055315
广告经营许可证：京东市监广登字 20170147 号